JOSEPH ORSIER

LE PHÉDON DE PLATON

ET LE

SOCRATE DE LAMARTINE

SUIVIS D'UN APERÇU HISTORIQUE ET CRITIQUE
SUR LA PHILOSOPHIE ANCIENNE JUSQU'A LA RENAISSANCE

*Altera nam terris opera exstant,
altera cœlo.*

PARIS

ANCIENNE LIBRAIRIE FONTEMOING ET Cie

E. DE BOCCARD, SUCCESSEUR

1, RUE MÉDICIS, 1

1919

OUVRAGES DU MÊME AUTEUR

Essai sur la puissance paternelle en France et dans la vieille Savoie, 1 volume gr. 8° raisin, Dijon, 1867 . . *Epuisé*

Le Code Civil italien et le Code Napoléon, par MM. Huc et Orsier, Paris, 2 v. in-8°, Cotillon, éditeur, 1868 . . . *Epuisé*

Vie et travaux de Charles-Salomon Zachariae, d'après des documents inédits, avec portrait et autographe. Paris, 1 v. gr. 8° raisin, Lacroix et Verboeckhoven, éditeurs, 1869. . . . . *Epuisé*

Théorie des Obligations en droit Gréco Romain. 1 v. in-18, 1869, Lacroix et Verboeckhoven, éditeurs . . . . . *Epuisé*

Des droits réels et de la propriété en droit Gréco-Romain, Paris, 1869, 1 v. in-18, mêmes éditeurs. . . . . . *Epuisé*

Noels et chansons, en françois et en patois savoyard, de Nicolas Martin, Lyon, 1 v. in-16, édité par Macé Bonhomme en 1555. Réédition simili faite en 1878 par Joseph Orsier, paroles et musique, dans la collection du *Trésor des Vieux Poètes*, Paris, Wilhem, éditeur . . . . . *Epuisé*

Histoire du droit civil Gréco-Romain, précédée d'un précis de son histoire externe, et contenant, avec les principaux textes inédiévites, leur traduction, leur rapprochement comparatif des législations modernes de la Grèce et de la Roumanie. Paris, 1885 à 1900, 2 v. in-8°, Chevalier-Maresq, éditeur . . . . 15 »

Le droit de famille chez les Romains, cours professé par Joseph Orsier à la Faculté de Droit de l'Université Nouvelle de Bruxelles, 1905, 1 v. in-8° raisin, Larcier, éditeur à Bruxelles 3 50

Le Droit successoral chez les Romains, cours professé en 1906 à Bruxelles, 1 v. in-8°, Larcier, éditeur à Bruxelles 3 50

Un ambassadeur de Savoie, poète d'amour au XIVᵉ siècle, Othon de Granson, Paris, 1 v. in-16, Champion, éditeur, 1909. . . . . 3 »

La vie et l'œuvre de Nicolas Martin, poète musicien savoyard de la première moitié du XVIᵉ siècle (dans la *Revue de la Renaissance*, à Paris, n° de décembre 1909). . . . .

La Renaissance littéraire et politique de la Croatie (dans la *Revue des Idées*, à Paris, n° du 15 janvier 1910). . .

La Moquerie Savoyarde, apologue en vers patois de la fin du XVIᵉ siècle et ses lointaines origines, Paris, in-8°, Champion, éditeur, 1910 . . . . 2 50

LE PHÉDON DE PLATON

ET LE

SOCRATE DE LAMARTINE

JOSEPH ORSIER

LE PHÉDON DE PLATON

ET LE

SOCRATE DE LAMARTINE

SUIVIS D'UN APERÇU HISTORIQUE ET CRITIQUE

SUR LA PHILOSOPHIE ANCIENNE.

Altera nam terris opera exstant,
altera cœlo.

1918

LE PHÉDON DE PLATON

ET LE

SOCRATE DE LAMARTINE

> « Connais-tu le chemin de ce
> monde invisible?.... Pour le dé-
> couvrir que faut-il ? — Être pur
> et mourir ».
>
> (LE PHÉDON).

En 1916-1917 chargé par M. le Ministre de l'Ins-
truction Publique d'enseigner à Toulon la philosophie grecque et latine, j'eus la bonne fortune de
communiquer mon enthousiasme pour les idées
élevées sur l'âme et la vie future à une élite admirablement disposée à les accueillir. Le souvenir
comme les succès de ces jeunes Bacheliers me seront toujours chers. Cet incident de mes jours déjà
longs, passés dans un constant labeur, est l'origine d'une nouvelle étude que sincèrement nous
croyons utile.

Aux heures graves d'aujourd'hui l'esprit et le
cœur se plaisent à remonter à leur source, comme
on aime à remuer les cendres d'un foyer qui va
s'éteindre. On se ressuscite en quelque sorte et
l'on se juge en parcourant ce qu'on a vécu par

comparaison au plus lointain passé, et ce passé intéresse d'autant plus qu'il n'est pas un pur archaïsme, un simple attrait de curiosité ou d'érudition, mais une véritable réalité qui se prolonge jusqu'à nous. Dans la morne solennité de l'histoire, on trouve des faits et des causes, des influences et des personnages dont l'analogie nous est si frappante qu'ils semblent participer de la même vie qui nous anime. Ce qui est contemporain, le voici : aujourd'hui, où l'héroïsme abonde, il n'est pas indifférent de savoir quel genre de héros furent ces hommes honorés dans les annales antiques, et de dégager aussi bien le sens mystique que la signification pratique de leur sacrifice, ou même la raison d'être de ces modèles de vertus inaccessibles. Tout récemment les livres, les revues, la haute presse, ont été remplis des échos de Socrate, de Thucydide et d'autres illustres : c'est qu'ils nous ressemblent même quand ils nous surpassent. Les générations qui les vénèrent ne sauraient être dispensées de les imiter. N'y a-t-il pas en effet pour l'humanité une loi innée du sacrifice et comme un besoin impérieux de témoigner en faveur de la justice et de la vérité ? Et, au-dessus de tous les événements et de ce qui fait l'honneur des nations et des hommes, n'est-il pas une puissance supérieure et des idées morales et métaphysiques qui sont à la fois notre joie, notre espérance comme notre effroi ?

Pour Dieu la notion du temps n'est qu'*une*, sans commencement ni fin, ainsi que la connaissance du futur : si l'on participe du divin par l'intelligence, on n'a cependant rien de plus inconnu autour de soi que soi-même. Les phénomènes des idées, du moi intérieur, les phases de progrès ou de décadence, le redoutable au-delà sont des mystères qu'il est difficile ou impossible de pénétrer, et tout cela est d'autant plus inquiétant que le problème de la destinée à venir est la conséquence logique de la destinée présente. N'y a-t-il pas dans les traditions égyptiennes sur les formes de la vie future, dans les légendes de l'Inde et des peuples les plus préhistoriques une semblable préoccupation ? L'antiquité grecque et latine avait une mythologie prenant l'homme au cercueil, le suivant à travers les ténèbres de l'autre monde et venant raconter ce qu'elle savait des morts à ceux qui vivent. Partout, à côté de la philosophie qui explique et raisonne, de la religion qui pontifie et affirme, la poésie s'empare du surnaturel plein de surprises et de terreur. Quelques génies, à travers les siècles, ont tenté d'en soulever le voile sacré : vers 475 avant Jésus-Christ Anaxagoras, maître de Périclès, d'Euripide, d'Archélaüs et de Socrate, s'éleva le premier à la haute conception d'un Dieu distinct

monde. Sa doctrine élucidée par Platon, puis par Aristote, aboutit au moyen-âge à la *Divine Comédie* du Dante et à la *Somme théologique* du Docteur Angélique[1]. Tous, avec la foi, ont prêché la vertu, le courage, l'abnégation, l'immortalité.

Les événements qui bouleversent actuellement

---

[1] Saint Thomas d'Aquin (1227-1274), italien de naissance, docteur en théologie de Paris en 1255, amenda Aristote au nom de la révélation dans sa *Somme* immortelle.

l'univers amènent à demander des équivalents à
l'histoire, une consolation à la Sénèque dans la
force d'âme des stoïciens. Ce rapprochement se
présente sur un nom synonyme à la fois de sagesse, d'art et d'héroïsme : *Socrate* n'est pas un
prophète, ni un fondateur de secte, il n'est qu'un
humain plein de conscience, mais homme au point
de subir tout de l'humanité, même ses faiblesses,
honnête homme au point de remplir humblement,
en sa croyance à une autre vie, le rôle qu'il estime lui être imposé de penser juste, de vivre pour
le bien, de mourir avec espérance. Non seulement Socrate est la plus pure incarnation du bon
sens et de la philosophie pratique dont la Grèce
ait fourni le modèle, mais il demeure l'immatérielle image du beau moral et du vrai, non moins
que l'exemple de la valeur civique et militaire, le
symbole de la mort du juste.

I

Socrate artiste sculpteur. — Socrate héros dans les combats
de Potidée et de Délium. — Socrate homme d'État — Calomnié par les Démagogues. — Ridiculisé par Aristophane.
— Condamné a mort par les Héliastes.

Fils du sculpteur Sophronisque, il gagnait sa vie
à l'atelier[1]. Bientôt il sut traduire en œuvres fé-
condes l'idéal qu'il rêvait au milieu des ébauches
paternelles. Son disciple Xénophon ne parle-t-il
pas d'un groupe des Trois Grâces tiré d'un bloc de
marbre par le jeune artiste avec tant de bonheur
que les Athéniens en firent décorer le péristyle
du Parthénon à côté des statues de Phidias?

En même temps qu'à l'art, Socrate songeait à
façonner les âmes. Bien inspiré par sa tendance à
la réflexion et à la méditation spéculative, il sut
en critique averti discerner, dans les écoles de son
temps, le vrai du faux, s'assimiler le bon, railler
le mal au point de devenir l'effroi des sophistes.
Il fut proclamé par l'oracle de Delphes « *le plus
sage des hommes* ». Aussi, non content de se per-
fectionner au contact des grands maîtres de la
pensée, il se sentait possédé de la passion de puri-
fier le moral de ses contemporains. On vivait alors,
au soleil de l'Attique, en plein air et en perpétuel
souci de s'entretenir de politique, de théâtre, de
lois, de religion, de la nature et des dieux. Tout

[1] Socrate, né à Athènes en l'an 469 avant Jésus-Christ, mourut de la ciguë en 400.

se passait en dialogues animés dont l'éloquence
ou la raison attirait les oisifs, les admirateurs ou
les envieux autour des Académies, sous les por-
tiques ou dans les jardins publics.

Malgré son dédain des choses matérielles, malgré sa préférence pour les choses métaphysiques,
Socrate ne négligeait rien des devoirs civiques : il
s'empressait d'en remplir les obligations. Il fut un
véritable héros pendant les guerres de sa patrie ;
on le vit combattre victorieusement en plusieurs
batailles. Potidée[1], une colonie de Corinthe, de-
venue alliée d'Athènes puis sa tributaire, s'était
révoltée contre celle-ci en 432 ; mais, après un
long siège, elle retombait au pouvoir des Athéniens en 429. C'est à ce moment qu'Alcibiade,
tout jeune encore autant qu'imprudent, fut fait
prisonnier par l'ennemi et sauvé par Socrate qui,
se jetant dans la mêlée au péril de ses jours avec
une poignée de compagnons d'armes, parvint à délivrer son impétueux disciple au prix de son sang.
Le sauveur s'honora d'une action plus louable encore en refusant la récompense qui lui était offerte
par ses chefs, et en proclamant Alcibiade plus
brave que lui puisque, « étant plus jeune et plus
beau, en exposant sa vie, il exposait davantage ».

Plus tard, en Béotie, au combat de Délium en
424, sur les frontières de l'Attique, les Athéniens,
vaincus par les Thébains, allaient tous périr par
la faute de généraux arbitrairement nommés par
les démagogues, quand Socrate, courant à l'arrière,
groupant avec énergie les vétérans autour de lui,
parvint à faire reculer les assaillants. En même
temps il relevait du champ de combat un autre de
ses disciples, Xénophon, et le rapportait au camp
athénien sur ses épaules. On pourrait citer de lui

[1] Ville grecque dans la presqu'île de Pallène.

bien d'autres actes de bravoure. Mais il faut retenir, sur l'art de la guerre, le bon conseil qu'il donnait à Xénophon : « *Souviens-toi toujours que la
victoire dépend pour beaucoup de l'amour et de la
confiance que les soldats ont envers leur chef.* »

La paix le rendit tant à ses travaux d'art qu'à ses
méditations morales. Tout indiqué par les circonstances aux suffrages de la République, n'ayant pas
d'ambition, pas même celle de la gloire, il fut
élu magistrat et illustra sa magistrature d'autant
d'honneur et de fermeté qu'il en avait donné
l'exemple à l'armée. Il y déploya les vertus d'une
bonne politique, plus difficiles à acquérir que celles
de la guerre : la justesse de vues, l'impartialité, la
modération en toutes choses, la résistance aux en-
traînements passionnels. Après une défaite navale,
les amiraux d'Athènes, n'ayant pu donner la sépul-
ture aux citoyens morts pour la patrie, furent condamnés à un supplice injuste ; leur sort dépendait
du vote de Socrate qui présidait à ce moment le
Sénat. Intimidés par les criailleries et l'attitude
menaçante de la foule, ses collègues avaient cédé
le sang des ναύαρχοι afin de ménager leur popularité ; pris de honte et de dégoût, Socrate offrit sa
propre vie en échange de celle des inculpés innocents. Personne n'osa violer en lui la loi vivante,
mais on cessa de l'aimer.

Sous les menées démagogiques, la calomnie vint
s'attacher à lui. Le Beaumarchais d'Athènes, Aristophane[1], l'impitoyable ironique, crut spirituel d'a-

---

[1] Ses railleries ont du reste poursuivi aussi bien les *novateurs*,
tels que Socrate et Euripide, que les *sophistes* comme Gorgias ;
elles ont même ridiculisé les *agitateurs populaires* dont il est fait
la caricature dans sa pièce *Les Chevaliers*, vers 217 et suivants : « *Tu
possèdes*, dit-il, *toutes les qualités de bon démagogue: voix de
chenapan, nature de gueux, langage de voyou ; tu as tout ce qu'il
faut pour gouverner* ».

muser son public en qualifiant le moraliste le plus
pratique des Grecs de rêveur éveillé, suspendu
avec Euripide entre ciel et terre, demandant des
oracles aux déesses *Nuées*[1], divinités flottantes
qui daignent lui répondre au milieu des brouil-
lards. Il n'est guère d'autres comédies où il n'ait
persisté à lui décocher quelques nouveaux traits.
Eupolis[2], Amipsias et autres rapsodes épigram-
matistes tinrent le même langage plus ou moins
grossier. Pendant plus de vingt ans, on colporta
sur le philosophe les mêmes charges : « *Socrate
est un corrupteur des éphèbes d'Athènes..... c'est
un semeur d'idées malsaines... c'est un contemp-
teur des dieux...* » Le tort du maître fut de ne
jamais tenir compte de cet esprit populaire. Au
lendemain des désastres, au sortir de la tyrannie des Trente, on s'est souvenu des représenta-
tions du théâtre de Bacchus et l'on ne manqua
pas de chercher dans le calomnié indifférent une
victime expiatoire. Triste triomphe du comique
sur la pensée profonde, le délire aristophanesque
amena lentement le meurtre national de Socrate,
en le livrant en pâture à la risée du monde pour
vouloir s'élever moralement au-dessus des têtes
du commun, en excitant sa colère pour entrevoir

---

[1] Les *Nuées* composent le chœur ; de là le titre de cette pièce comique de l'an 423. Elle eut un échec puisqu'Aristophane n'obtint au
concours que la troisième place, après Amipsias et Cratinus qu'il
avait traité de radoteur et de poète fini dans la parabase des *Chevaliers*. Cette chute l'irrita tellement qu'il la refondit en une seconde version qui, seule, nous est parvenue; Aristophane y fait une
charge à fond de train contre l'éducation telle que la concevaient les
philosophes et les sophistes. Pas plus heureuse que la première,
la seconde pièce fut encore sifflée et eut un nouvel échec retentis-
sant : le public athénien semblait ainsi prendre parti pour Socrate.
Or, 24 ans plus tard, ce peuple volage osait le condamner à mort.

[2] Eupolis accusait Socrate d'être un voleur. Il est vrai qu'il ba-
fouait les démagogues dans ses pièces, malmenait Cléon tout puissant et l'ambitieux Alcibiade.

dans l'αἰθήρ un principe moins matériel que les idoles sorties des plus abjectes crédulités. Tout cela provenait en réalité de ce fait social qu'à cette époque de l'histoire de la Grèce on ne considérait pas les auteurs comiques comme de vulgaires amuseurs, puisqu'on leur tolérait *officiellement* le droit de dicter des avis sur les questions d'État et sur les gouvernants.

D'ailleurs deux partis divisaient sans cesse la république athénienne. La guerre du Péloponèse s'était accomplie au nom du libéralisme et de la propagande Lacédémonienne : à l'entendre, Sparte ne combattait Athènes qu'en vue d'affranchir toutes les cités grecques ; son hégémonie fut saluée par elles comme l'aurore d'une ère fortunée. Malheureusement pour elles, ce n'était qu'un changement de maîtres : alliées ou adversaires, elles durent subir les *Collèges des Dix*, vendus à l'étranger quoique respectivement recrutés parmi les citoyens de chaque état. La grande vaincue de l'an 404, Athènes, fut naturellement soumise à un régime d'exception dont l'épilogue devait devenir fatal. En effet Lysandre, le vainqueur d'Ægos-Potamos, suspendit l'ancienne constitution démocratique pour confier l'autorité absolue à *Trente Archontes* que l'histoire a désignés sous le nom de *Trente Tyrans*, dure expiation des divisions intestines dont Socrate se plaignait amèrement. Les hontes se succédèrent aux ignominies : ces archontes décriés, anciens comparses de la sinistre bande des *Quatre-cents*, qui avaient eu l'impudence de fomenter une révolution en présence de l'ennemi, vinrent, couronnés de fleurs, sourire cyniquement à la suprême humiliation et réclamer en personne l'envoi d'une garnison Lacédémonienne d'occupation militaire sur l'Acropole.

Toutes prérogatives furent abolies ; le régime

de la terreur, inauguré. Une seule industrie deve-
nait florissante chez les Athéniens, celle des déla-
teurs, grâce au sinistre *Conseil des Onze*[1], or-
gane de l'application des peines. Mais la nouvelle
de l'installation du gouvernement des Trente avait
pénétré partout en Grèce, et provoqué une suprème
indignation, transformée bientôt en vertu du *vin-
cit qui patitur* en universelle sympathie pour les
opprimés.

L'ennemie traditionnelle d'Athènes, la cité Thé-
baine, servit de refuge aux exilés ; bravant sans
peur les menaces hautaines de Sparte, elle leur
fournit armes et argent. Sous la conduite de Thrasybule[2], ils commencèrent par s'emparer sur le
Parnès de la forteresse de Phylé qui commandait
la route de Thèbes à Athènes, puis marchèrent
vers le Pirée pour achever leur victoire contre les
tyrans dans un combat glorieux où périt Critias,
le plus emporté des leurs, le plus ignoble person-
nage de l'antiquité grecque. Pendant que le reste
des Trente se sauvait à Éleusis, Thrasybule, ren-
trant victorieux dans Athènes, rétablit la constitution et, dans un but d'apaisement, proclama am-
nistie générale même pour les survivants de la
Terreur.

Cependant, par la réalité des choses humaines,
le passé tragique ne pouvait être oublié ; les anti-
pathies et les vengeances se réveillèrent aux foyers
en deuil. Les rancunes s'attaquaient de préférence à la classe supérieure des chevaliers qui

---

[1] Curieuse analogie avec les institutions de la Venise républi-
caine du moyen-âge.

[2] Il prit part à la révolution qui renversa la bande des 400, fut
vainqueur à Cyzique et battu à Éphèse en 408 avant Jésus-Christ,
chassa les Trente Tyrans, fit la guerre aux Lacédémoniens et, après
divers succès, fut tué devant Aspende en Cilicie en 390.

avait secondé le régime de la tyrannie. Une réaction irraisonnée alla jusqu'à s'en prendre à l'homme le plus innocent des malheurs de la patrie, à cet infortuné Socrate. Ses opinions d'honnête homme étaient à cette heure d'autant mieux suspectes aux Athéniens que le joug des Trente venait à peine d'être brisé et qu'il était peu facile de poser des conditions d'ordre, d'économie ou de supériorité morale à un peuple remuant ivre de la liberté reconquise.

Thucydide[1], incomparable écrivain comme vérité psychologique et philosophie de l'histoire, affirme que « *les Athéniens sont nés pour n'être jamais en repos et pour n'y jamais laisser les autres* ». Rien n'est plus strictement exact : leurs continuelles discussions politiques autant que leur genre de vie les mettaient à la merci des beaux parleurs. Au parti des conservateurs démocrates s'opposait aigrement celui des téméraires, des anarchistes, des radicaux, des démagogues de toutes nuances, serviles adulateurs de la multitude, sur lesquels Socrate ne se gênait pas de déverser librement ses sarcasmes. Devenu aussi odieux aux agitateurs incorrigibles qu'il l'avait été à la tyrannie, il en subit le contre-coup sans ménagement.

Un certain Anytos, opulent Athénien, dont l'influence avait aidé au renversement des Trente, s'efforçait par n'importe quels moyens de retenir à lui les faveurs du peuple : sans scrupules, sachant par expérience combien la multitude aime les superstitions, parce qu'elles sont les servilités de l'esprit, les saintetés de l'ignorance, cet homme, étant ennemi personnel de Socrate, organisa une cabale qui aboutit résolùment à une *accu-*

[1] *Guerre du Péloponèse*, livre I, c. 70.

sation de blasphème contre le philosophe. Un de ses anciens disciples, *Mélétos*, se chargea du procès criminel sous prétexte de zèle pieux envers les idoles : ce poète infime se faisait ainsi des clients dans le ciel en s'improvisant le vengeur du vieux culte national. Ce fut lui qui rédigea l'acte introductif d'instance et s'engagea à soutenir la cause, tandis que l'orateur *Lycon* s'occupa de la suite de la procédure. Pour résister à cette action, l'accusé ne manquait pas d'amis dévoués : Platon, Criton et autres amis fidèles étaient prêts à tous les sacrifices et Lysias, l'éloquent orateur qui avait travaillé avec Thrasybule à l'expulsion des trente tyrans, apporta un plaidoyer merveilleux. Socrate fut ému ; mais, fort de sa conscience, il refusa tout secours.

L'affaire fut évoquée devant les Héliastes [1] : Socrate ne fut reconnu coupable qu'à la majorité de 3 voix par le parti des démagogues réuni à celui des fanatiques. En pareil cas la loi athénienne autorisait le condamné à racheter ses jours par un exil ou par une amende qu'il était tenu de taxer lui-même, *mais en se reconnaissant coupable.* La conscience du sage se révolta et, jusqu'au bout, il plaisanta avec la vie comme avec la mort. Piqués par l'ironie, les juges, à la majorité de 80 voix sur l'application de la peine, finirent par prononcer sentence capitale. En entendant son arrêt, Socrate ne murmura que des paroles de pardon pour ses juges et d'espérance en l'immortalité de l'âme.

Avant de lui présenter la coupe de ciguë, il ne

---

[1] Le tribunal des Héliastes était composé de 556 membres, sorte de jurés choisis parmi les commerçants et les matelots d'Athènes, qui furent présidés par Lachès, archonte. — Platon relève très vertement les calomnies portées contre Socrate.

restait plus qu'à attendre le retour de la *Théorie*[1] partie quelque temps auparavant pour le temple d'Apollon Délien.

[1] On appelait Θεωρία la députation solennelle d'Athènes envoyée tous les 4 ans au temple de Délos, une des Cyclades de l'Archipel, où s'élevaient les temples d'Apollon et de Diane. Le nom primitif de Délos était Ortygia (Od., VI, 162). Cette ambassade religieuse s'embarquait sur la *paralia* ou galère sacrée pour offrir des présents et célébrer des cérémonies en l'honneur d'Apollon. Le *Phédon* dit sur ce point : « Lors donc que cette théorie est sur le moment de partir, il faut que la ville soit *pure*. Aussi la loi défend-elle de faire mourir aucune personne en vertu d'un jugement public avant que le vaisseau ne soit arrivé à Délos et revenu à Athènes. » Au chapitre I, on trouve aussi l'origine de cette députation.

Cf. *Lebègue*, Recherches sur Délos, Paris, gr. in-8°, 1876.

II

Documents authentiques sur la mort de Socrate. — Le Phédon. — Ce qu'en a tiré Lamartine. — Caractères généraux
de sa poésie philosophique et religieuse.

Les détails de la mort de Socrate et des derniers
entretiens du maître sont consignés dans les documents authentiques qui nous sont parvenus de
Platon et de Xénophon. Pour son poème sur la
« Mort de Socrate », paru en première édition
en 1824, Lamartine a fait état du Phédon : il ne
pouvait s'en dispenser. Platon est l'auteur de ce
dialogue célèbre qui, avec l'Apologie[1], l'Euthyphron[2] et le Criton[3], forme le critérium complet de
la glorification du philosophe, et dont le *Phédon*
est la conclusion naturelle.

Par ses intentions, ce livre appartient incontestablement à la période où Platon essayait aussi de
produire un revirement d'opinion en faveur de la

---

[1] Trois discours sont contenus dans l'*Apologie* : 1° Défense de
Socrate ; 2° Fixation de la peine et 3° Adieux au tribunal. — Platon
assistait aux débats et l'on raconte même qu'il fut arraché de la
tribune où il était monté pour défendre son maître ; son apologie
a donc une valeur de vérité, mais cela n'implique pas qu'il n'ait
rien ajouté ou modifié. — Quant à l'apologie de Xénophon, elle fut
faite d'après une relation d'Hermogène ; ce document de seconde
main n'a qu'une valeur littéraire.

[2] Dans l'*Euthyphron*, Socrate se rend chez l'archonte-roi qui
instruit son procès ; il rencontre Euthyphron et, selon son habitude, sa *maïeutique*, il engage avec lui un dialogue où il critique
la notion vulgaire de piété.

[3] Le *Criton* dit que « Socrate s'est refusé de se soustraire par
la fuite aux décisions même injustes des Héliastes. »

mémoire de son ancien maitre. Il est probable qu'il fut composé assez longtemps après l'Apologie et le Criton qui étaient en quelque sorte les deux premiers actes du drame dont Socrate a été la victime : on a voulu y voir le testament philosophique de Platon. Mais certains indices, puisés dans son Phédon[1] même, permettent tout au plus d'en reculer la date jusqu'en 386, époque de son premier voyage en Sicile[2]. L'importance historique et dogmatique de ce document est considérable. Retenu par la maladie, son auteur avait eu la douleur de n'avoir pu assister aux derniers moments du grand homme : il s'en procura les détails et les entretiens suprêmes de la bouche même des disciples présents et principalement de Phédon d'Élis. Celui-ci, fait prisonnier de guerre en l'an 400, avait été misérablement vendu comme esclave à Athènes, et, sur la recommandation pressante de Socrate, Cébès l'avait racheté pour le rendre à la liberté. Après le déplorable trépas de son bienfaiteur, il regagnait son pays natal quand, au cours du chemin vers l'Élide, s'arrêtant à Phlionte en Sycyonie, il raconta à Échécrate le pythagoricien la poignante fin de celui à qui il devait tant de gratitude. Cette narration de première main dut être connue parmi les disciples ; aussi Platon s'en em-

---

Le *Phédon*, XXIX, et le commencement du LX.

[2] PLATON, né à Collyte près d'Athènes en 430 avant Jésus-Christ, était fils d'Ariston et son véritable nom était *Aristoclès*. Il débuta par la poésie. Son premier maître de philosophie fut Cratyle qui lui enseigna la doctrine d'Héraclite. A vingt ans il devint le disciple de Socrate ; après la mort de celui-ci, il fréquenta à Mégare l'École d'Euclide, puis visita l'Egypte, Cyrène, la grande Grèce : au cours de ses pérégrinations, il prit connaissance de la doctrine sacerdotale égyptienne, ainsi que des philosophies de Pythagore et de Parménide. Enfin il fonda l'*Académie*, près d'Athènes. — Il fit en Sicile trois voyages malheureux, les deux derniers sur l'invitation de Denys-le-Jeune, et dans l'espérance de le réformer.

para-t-il pour écrire son dialogue qu'il plaça, en lui donnant le titre de Phédon, sous l'autorité indiscutable d'un témoin authentique. Les anciens lui attribuèrent en sous-titre la dénomination assez générale de Περὶ ψυχῆς : en effet c'est surtout de l'immortalité de l'âme qu'il s'agit dans cette œuvre, question pleine d'à propos à l'heure imminente de l'exécution de la sentence contre Socrate.

En cette scène inoubliable on voit le condamné souriant et calme, au matin du jour où il doit périr, entouré de ses amis et disciples éplorés cherchant à les consoler en leur donnant l'exemple « *d'une force d'âme telle qu'elle semblait repousser toute pitié et qu'il était heureux, à le voir et à l'entendre, tant il faisait le sacrifice de sa vie avec assurance et dignité* »[1]. Sa profession de foi se résume en ceci : étant philosophe, il doit se réjouir de sa fin terrestre, puisque, en détachant son âme des passions du corps, il s'est appliqué toute son existence à réaliser l'apprentissage de la mort[2] ; quelle inconséquence s'il venait à en redouter[3] la venue, ou seulement s'il ne l'accueillait pas sans tristesse et sans regret. Ainsi, en effet, mourut Socrate.

Quoique son *Apologie* par Xénophon et les *Mémorables*[4] du même auteur ne soient que des souvenirs, ils n'en sont pas moins touchants, et l'on y trouve un portrait digne du maître, écrit par le disciple. Les philosophes socratiques, dispersés

[1] Le *Phédon*, II.
[2] *Idem.*
[3] Épictète dira plus tard, au temps de Marc-Aurèle, « *ce n'est pas la mort qui est redoutable, c'est la fausse idée que l'on s'en fait* ».
[4] Les *Mémorables* ont été composés entre les années 399 à 396 avant Jésus-Christ sous le titre d'Ἀπομνημονεύματα Σωκράτους.

aux quatre coins de la Grèce, tâchaient par leurs
paroles et leurs écrits de provoquer un mouvement
d'opinion favorable à la réhabilitation du juste.

De nos jours, des critiques ont prétendu avoir
matière à modérer les éloges consacrés à Socrate.
Sa sagesse n'est qu'intelligence, une marque de
fierté dédaigneuse, même de la vie... elle est trop
personnelle, elle ne se dévoue pas assez...[1] C'est
un professeur de vertus, mais non un martyr... Il
enseigne un Dieu unique, providence des mondes,
mais, devant le vulgaire, il rend hommage aux
multiples idoles charnelles divinisant les vices...
S'il meurt bien, c'est qu'il en sent l'à-propos, sa
mort est une bonne fortune de sa destinée. D'au-
cuns vont jusqu'à préférer, sans les expliquer, les
sagesses de l'Inde et de la Chine. Enfin, d'autres
ont ajouté à ce dénigrement systématique que Socrate n'a pas moins témoigné d'indifférence à sa
famille qu'au genre humain... Homme d'esprit par
dessus tout, il raille quelquefois, il se moque souvent, il plaisante toujours, même avec la mort...
Il manie supérieurement l'ironie qui rend la vérité
même offensante ; c'est une arme de prédilection
contre les sophistes et les détracteurs, qu'il emploie jusque dans ses entretiens familiers, où il
procède aussi par des interrogations captieuses
afin d'arriver à ses fins. Constamment épilogueur,
il est peu lyrique[2] ; quand il l'est, c'est Platon
qui lui prête des ailes !

On agiterait à satiété toutes ces questions mal-

[1] La charité n'était pas née dans le monde à cette époque.
[2] Dans le chapitre IV du *Phédon*, Socrate explique la raison
qui l'avait décidé à mettre *en vers* les fables qu'Ésope avait faites
(VI° siècle avant Jésus-Christ). Le philosophe avait encore composé
une hymne à Apollon. Voici le passage fidèlement traduit : « *Plusieurs personnes, entre autres Événus, dit Cébès, me demandaient
dernièrement pourquoi tu t'étais mis à versifier depuis que tu étais*

faisantes pour la mémoire de Socrate que cela
n'enlèverait rien à son prestige à travers les siècles
et ne ternirait pas un seul des rayons d'or de l'au-
réole que Platon, Xénophon et, à la suite des
temps, tous les anciens et les modernes se sont
plu à poser autour de son front.

Son influence a été considérable à travers les
âges. Il n'a rien écrit ; mais ses doctrines furent
recueillies par de puissants génies qui les ensei-
gnèrent avec une ampleur et une lucidité merveilleuses atteignant les plus hauts sommets de la
raison. Un immense mouvement philosophique
dont Socrate est la source vint remplir toute la fin
de l'antiquité classique et alla bien au-delà ; les
grandes écoles socratique se partagent en deux
groupes : d'une part celui de *Platon* et d'*Aristote*
qui constitue avant tout des écoles de philosophie
spéculative et de métaphysique, — d'autre part,
celui des écoles d'un caractère surtout moral et
pratique. Platon (429-348), disciple immédiat de
Socrate, et Aristote (384-322), disciple de Platon, do-
minent toute l'histoire intellectuelle de l'humanité.

en prison, toi qui jusque-là n'avait jamais pensé à t'occuper de
poésie... — Eh bien ! reprit Socrate, dis-lui la vérité, dis-lui qu'as-
surément ce n'est pas pour rivaliser de talent avec lui... mais pour
m'assurer du sens de certains songes que j'avais eus et pour me
garantir du reproche d'avoir négligé cet avertissement, si, par hasard, c'était là cette étude des beaux-arts à laquelle ils m'. prescri-
vaient de m'adonner... Mais enfin, depuis que j'ai été condamné
et que la fête du dieu a forcé de différer l'exécution de ma sentence, il m'a semblé que si c'était aux beaux-arts dans le sens
ordinaire que ces songes m'ordonnent de m'appliquer, je ne devais
pas résister à leur voix, et qu'en effet il était plus sûr pour moi de
ne pas sortir de la vie ayant d'avoir fait cet acte de soumission à la
religion, en composant des poèmes... Ainsi j'ai commencé par faire
des vers en l'honneur du dieu dont on célébrait la fête, et ensuite
réfléchissant qu'un poète doit aussi inventer des fictions, sentant
en même temps que je n'étais guère propre à créer des sujets de
pure imagination, je me suis déterminé à mettre en vers les fables
d'Esope... »

Doit-on s'étonner qu'un esprit élevé, enthousiaste du beau sous toutes les formes, ait trouvé dans la mort de Socrate un sujet digne d'un poème de grande élévation ? Lamartine eut cette pensée et, non seulement il la réalisa en vers magnifiques, mais il la caractérisa en prose : « *Le dernier jour de Socrate*, dit-il, *ne diffère en rien des autres jours, sinon qu'il n'aura pas de lendemain. Socrate continue avec ses amis la conversation commencée la veille ; il boit la ciguë comme un breuvage ordinaire ; il se couche pour mourir comme il aurait fait pour dormir, tant il est sûr que les dieux sont là, avant, après, partout, et qu'il va se réveiller dans leur sein*[1] ».

On ne saurait méconnaître que le poème de Lamartine a contribué à donner au *Phédon*, malgré son empreinte métaphysique, une certaine popularité qui dépassa le cercle un peu restreint des amateurs de philosophie et même de poésie. Mais on ne pourrait non plus contester que ce poème tend à fournir des idées de Socrate et de Platon une image inexacte, sinon fausse. C'est pourquoi il devient utile, pour mieux comprendre le philosophe grec et le poète français, de vérifier comment celui-ci a traduit et trahi celui-là.

Tout d'abord, Lamartine est un de nos poètes philosophiques ; on sait qu'ils sont en petit nombre dans notre littérature. Cet aspect de son génie n'est point celui sous lequel on se plaît habituellement à le considérer ; ce n'est peut-être pas non plus l'aspect où il paraît le plus original (car, avant lui, on trouve ce *Louis Racine*, vraiment trop méconnu), mais c'est réellement celui sous lequel il apparaît le plus imposant : on a même

---

[1] *OEuvres complètes de Lamartine*, Paris, éd. Hachette, 1857, tome I, p. 318.

placé les *Harmonies* au-dessus des *Méditations* .
Toutefois, tout poète philosophique qu'il soit, *il
n'est pas un philosophe*, quelque paradoxale que
puisse sembler cette assertion.

Sans doute il aime à envisager les hauts problèmes de Dieu et de l'âme : on admire, dans ses
premières Méditations, *l'Homme, la Foi, l'Immortalité*[1], à côté du *Lac* et de l'*Automne*, et, dans
la préface de la Mort de Socrate[2], il déclare que
« *la métaphysique et la poésie sont sœurs, ou
plutôt ne sont qu'*une, *l'une étant le beau idéal
dans la pensée, l'autre le beau idéal dans l'expression.* » Dans la métaphysique, c'est la profondeur morale de cette étude qui l'attire, parce
qu'il aime tout ce qui est élevé, les sommets, les
firmaments, — parfois on lui reproche les nuages.

En un mot, la philosophie le séduit par certains côtés de noblesse et de beauté, ni plus ni
moins. Néanmoins, dès qu'il s'agit d'entrer en
discussion, de ployer le vers aux subtilités des
arguments ou des objections, dès qu'il faut se
rapprocher de la terre, fût-ce afin de mieux atteindre le ciel, Lamartine perd la spontanéité de
son souffle, on le trouve hésitant; on finit par le
voir tomber dans un clair-obscur. Surtout il n'est
pas logicien ; or il faut l'être en métaphysique.
Chez lui, l'imagination et la plus extraordinaire
sensibilité veulent seules résoudre les questions
de ce genre austère. S'il éblouit par des envolées
sublimes fulminant comme de brusques éclairs,
il manque de cette netteté de pensée qu'aura plus
tard notre vrai poète philosophique, *Sully-Prud-*

[1] René Doumic. — Le premier recueil des *Méditations* a paru
in-8° le 13 mars 1820, chez Nicolle, éditeur à Paris.
[2] *Œuv. compl. de Lamartine*, éd. Hachette, tome I, p. 121, 143,
221 ; p. 187, 286.
[3] *Idem*, I, p. 315.

homme[1], malheureusement pour la poésie plus philosophe que poète en maints passages de ses œuvres.

Un autre défaut de Lamartine est de ne pas se donner la peine de concevoir une formule qui puisse s'adapter exactement à son idée. Comme ses poésies le révèlent, sa philosophie religieuse ou profane se ressent du gentilhomme : ce sont de « *nobles divertissements* » ou la « *prière d'un homme d'action qui dût être orateur et diplomate* », ainsi qu'il l'avoue lui-même. Donc, pourquoi s'étonnerait-on de ne jamais le surprendre à se mêler de querelles d'école? Il est bien loin de prétendre à soutenir un système quel qu'il soit ; on serait même fort embarrassé de définir quelles sont au juste ses opinions. Tout au plus on apprendrait « *qu'il a été longtemps chrétien, catholique, mais d'un catholicisme un peu vague pour n'être plus que spiritualiste avec la Chute d'un ange* », si l'on doit s'en rapporter à Jules Lemaître.

Connaissait-il vraiment les philosophes? Comme il ne les cite jamais, ce n'est pas impossible, quoique Victor Hugo, qui les cite toujours, ne les lit jamais. On arrive ainsi à conclure que Lamartine, à ce point de vue spécial, est instinctivement entraîné vers les problèmes métaphysiques, mais sans les approfondir ; il sait toutefois les présenter poétiquement sous une forme d'une incomparable beauté :

Ici-bas, la douleur à la douleur s'enchaîne,
Le jour succède au jour et la peine à la peine ;
Borné dans sa nature, infini dans ses vœux,
L'homme est un dieu tombé qui se souvient des cieux[2].

[1] 1839-1907.
[2] *L'Homme*, dans les œuvres compl. de Lamartine, tome I, p. 123.

Notre brillant poète, on le sent, n'est pas un philosophe, si l'on attribue à cette expression la signification technique de penseur qui dispute et combat. Cette caractéristique précise conduit à examiner, d'une part, ce qu'il a emprunté à son modèle, le *Phédon*, et, d'autre part, ce qu'il y a ajouté ou retranché.

Sous l'influence de ses propres tendances, Platon a pris pour thème personnel[1], à propos de la mort de Socrate, son maître, d'exposer, en un dialogue entre celui-ci et ses disciples au dernier jour de sa vie, les plus brûlantes questions du problème de l'âme et de l'immortalité. Au contraire, le poème de Lamartine met plutôt en relief purement poétique le drame même du supplice de Socrate que ses entretiens philosophiques dont il a donné du reste un bien mauvais diminutif, même altéré. Du Phédon, il n'a suivi ni la simplicité, ni la disposition, ni l'enchaînement logique des dissertations socratiques. Le poème français « *La Mort de Socrate* » est comme un joyau constellé de perles brillantes sur un fond assez pauvre et souvent faussé.

---

[1] Ce qui n'empêche pas PROCLUS, le poète et philosophe de l'école d'Alexandrie, d'y voir une œuvre spécialement composée pour faire exposer par Socrate le développement de son enseignement philosophique, et lui faire découvrir, devant ses disciples réunis à l'heure suprême de sa vie, toutes les beautés métaphysiques et morales.

III

Dans le Phédon, Cébès, principal interlocuteur de Socrate, lui fait observer que ses entretiens antérieurs présupposent l'immortalité de l'âme. Le maitre répond qu'il va en établir les preuves[1].

Pénétrant au cœur du sujet, Platon développe ici une série d'arguments qu'il convient de condenser afin de soulever quelque peu le voile de la philosophie socratique et platonicienne. Son premier argument est celui des *contraires*[2] ; il en prend la substance dans Héraclite[3] et il le développe lui-même assez longuement. Toute chose vient de son contraire : le jour de la nuit, le plus chaud nait du moins chaud[4]; le bien du mal, la vie nait de la

---

[1] Le *Phédon*, XV et suiv. Ce sont ces chapitres que Caton d'Utique se plut à lire et à méditer la nuit même où il se suicida.

[2] Ἐναντίον (contraire, opposé), voir *le Phédon*, LI, LII, LIII, LIV, LV et LVI.

[3] Philosophe de l'école d'Ionie. Il était d'Ephèse et florissait vers l'an 500 avant Jésus-Christ. Il est resté comme type de pessimiste.

[4] « Si tous les corps gardaient la même température, la chaleur n'existerait pas. Après la mort l'âme existe quelque part, d'où elle revient à la vie réelle. »

mort comme la mort de la vie. Or, si la chose vient
de son contraire, c'est en ce sens qu'elle n'est ce
qu'elle est que parce qu'elle est précédée de son
contraire. Le principe établi, Platon en tire la conséquence que la mort ou, pour parler plus justement, le *être mort*[1] n'est ni plus ni moins que le
contraire de la vie et réciproquement. Mais, si les
vivants viennent des trépassés, c'est que l'âme de
ceux-ci a subsisté. Tel est l'argument célèbre des
contraires. On verra ce que Lamartine a fait de lui.

Quant à l'argument de la *réminiscence*, Platon
prétend que nos concepts sont les sensations d'une
existence antérieure. Les idées ont une vie réelle
et l'expérience que nous exerçons journellement
des choses n'est pour nous qu'une simple occasion de ressouvenir[2]. Ainsi nous attribuons des
qualités aux objets sensibles en les comparant
chacun à une idée supérieure *préexistante*, qui est
le beau, le vrai, le bien. C'est ce qu'il appelle la
théorie de la réminiscence[3] qui tend à prouver que
nos âmes ont déjà existé. Or ces âmes ne pourraient être que celles des morts, survivantes à la
matérialité des corps. L'âme est *immortelle*, parce
qu'elle est simple, immatérielle, et qu'au contraire
la mort est la décomposition de composés purement physiques; l'âme est toujours maîtresse du
corps qu'elle anime et, étant plus semblable au divin, elle doit participer de ce divin, notamment de
son caractère impérissable[4].

A ces arguments les disciples de Socrate lui
opposent quelques objections. Simmias[5] observe
que l'âme n'est peut-être au corps que *ce qu'est*

[1] Περὶ ζωῆς καὶ θανάτου, ὃ φὴς μὲν τὸ τεθνάναι.
[2] Ἀναμνησθῆναι. Μάθησις ἐστὶν ἀνάμνησις.
[3] *Phédon*, XIV à XXIV.
[4] *Phédon*, XXXV à XXXVIII.
[5] *Idem*, XXXVI à conf. avec XLI à XLIII.

l'harmonie à la lyre: peut-être disparaît-elle avec lui. Voilà déjà l'épiphénoménisme[1], la doctrine du mal produit du physique. Réfutation du philosophe par l'argument de la réminiscence : l'âme existe avant le corps, donc elle ne saurait être causée par lui. L'harmonie est postérieure à la lyre et, puisque Simmias admet l'existence *antérieure* de l'âme, il ne peut la comparer à une harmonie[2]; d'ailleurs, en celle-ci, il peut y avoir du plus ou du moins, tandis qu'une âme ne peut pas être plus ou moins une autre âme[3].

Cébès, lui, admet la *survivance de l'âme*[4], mais non son immortalité. L'âme revêt successivement plusieurs corps, mais elle ne peut vivre sans eux, et elle disparaît avec le dernier qu'elle anime. Un peu plus difficile à pénétrer, la réponse de Socrate est délicate. Pour lui, l'idée a une existence *objective*; les choses sensibles participent de cette idée, de cet archétype et, de cette participation, elles tirent leur existence. Mais les idées contraires sont incompatibles ; ce qui participe de l'une d'elles ne saurait participer de l'autre : la couleur blanche, qui participe de l'idée de blancheur, serait inconciliable avec l'idée de noir. Or,

---

[1] 'Επιφέρω = apporter à, ajouter à, produire.

[2] A propos de cette comparaison de Simmias, le *Phédon* (XLI *in medio*) expose une plaisanterie de Socrate : « *Cependant si un discours doit jamais être d'accord, c'est bien celui qui a pour objet l'harmonie...* » — « *Tu as raison* », répliqua Simmias. — « *Le tien ne l'est pourtant pas*, continua Socrate ; *choisis entre ces deux opinions, à savoir que la science est une réminiscence ou que l'âme est une harmonie...* »

[3] *Phédon*, XXXIX à XLII.

[4] Socrate démontre à Cébès que son objection se ramène à chercher les causes de la naissance et de la mort. Longtemps, dit-il, il a poursuivi avec passion l'étude des causes premières et des causes finales ; mais, découragé par l'insuccès, il a reconnu le principe de l'existence des choses dans leur participation aux idées. — Conf. *Phédon*, XLIV à XLVIII.

l'âme est vivante et ne peut devenir son contraire à elle-même ; puisqu'elle apporte la vie, elle ne peut impliquer l'idée de mort[1]. C'est le second argument des contraires.

Tous les disciples sont convaincus sauf Simmias. Afin de corroborer sa doctrine, le maitre développe sa rêverie sur le *mythe de la vie future*[2].

Après la mort, les âmes habitent divers séjours d'autant plus beaux qu'elles sont plus pures. Celles des philosophes sont admises à la jouissance éternelle d'un lieu de félicité parfaite qu'on pourrait nommer le *paradis*. Laissons Platon parler lui-même de ces mondes invisibles : « *Que Dieu, reprit Socrate, que la vie même et tout ce qu'il peut y avoir d'immortel ne périsse point, il n'est personne qui n'en convienne. Or, puisqu'il est vrai que tout ce qui est immortel est impérissable, n'est-ce pas une conséquence nécessaire et sûre que l'âme, qui est immortelle, soit impérissable ? Ainsi, quand la mort frappe l'homme, ce qu'il y a en lui de mortel et de corruptible s'éteint et ce qu'il y a d'immortel se retire sain et incorruptible, cédant la place à la mort... S'il y a donc quelque chose d'immortel et d'impérissable, notre âme est de cette nature et conséquemment nos âmes vivront dans les Enfers.*

— Quant à moi, dit Simmias, je ne puis qu'approuver ; cependant j'avoue que la grandeur du sujet et la faiblesse naturelle à l'homme me jettent dans une sorte de défiance et d'incrédulité ! — Mes amis, reprend Socrate, *si l'âme est immortelle, il est juste de penser qu'elle demande à être cultivée*

[1] *Phédon, LVIII.*
[2] *Idem, LVII à LXIII. —* Comp. sur ce point, page 24 de cette étude.

non seulement pour ce temps que nous appelons la Vie, mais aussi pour le temps qui la suit, c'est-à-dire l'Éternité. Il serait dangereux de la négliger. Si la mort était la dissolution de tout, ce serait tout profit pour les méchants d'être, après leur trépas, délivrés de leur corps, de leur âme, de leurs vices ; mais, puisque l'âme est immortelle, elle ne peut se délivrer de ses maux et se sauver qu'en devenant très bonne et très sage, car elle n'emporte avec elle que ses bonnes ou ses mauvaises actions, ses vertus ou ses vices, cause de son bonheur ou de son malheur éternel, lesquels commencent à partir de son arrivée dans les enfers. Après le trépas de chacun, le génie qui a été chargé de lui pendant la vie[1] le conduit dans un certain lieu où il faut que tous les morts se réunissent pour être jugés, afin que, de là, ils aillent dans les enfers avec le même conducteur auquel il a été ordonné de les conduire d'ici jusque-là ; et, après qu'ils ont reçu dans ce lieu les biens ou les maux mérités et y ont séjourné le temps fixé, un autre guide les ramène dans cette vie[2] après plusieurs révolutions de siècles. Ce chemin ne ressemble pas à celui dont Télèphe[3] parle dans Eschyle : il est rempli de détours et de traverses... Une âme tempérante et sage suit donc son guide et a conscience de ce qui lui arrive, tandis que celle qui est clouée au corps par ses cupidités, qui a été longtemps son esclave et comme éprise d'amour pour lui, se trouve entraînée malgré elle par le guide qui lui est assigné ; puis, quand

[1] Voir deux récits du même genre à la fin du *Gorgias* et au livre X de la *République* de Platon.

[2] EMPÉDOCLE, philosophe et poète d'Agrigente en Sicile (Vᵉ siècle avant Jésus-Christ), avait soutenu aussi cette croyance au retour futur des âmes dans un autre corps.

[3] Il dit que le chemin qui conduit dans l'autre monde est simple. Or il n'est ni unique ni simple : s'il l'était, aurait-on besoin de guide ?

elle est parvenue à ce rendez-vous fatal de toutes les âmes, étant impure, les autres âmes la fuient, elle erre dans un misérable abandon... Au contraire, l'âme qui a passé sa vie dans la pureté, l'âme exempte de souillures, s'en va, conduite par les dieux eux-mêmes et, avec eux, habiter les lieux de délices qui lui sont préparés. Il y a plusieurs lieux merveilleux... — Que dis-tu là ? dit Simmias en interrompant Socrate. — Pour te les raconter, reprit celui-ci, je n'ai nul besoin de l'art de Glaucus[1] ; mais il est plus difficile de t'en démontrer la vérité. Tout ce que je puis faire, c'est de te donner une idée générale de cette terre et des lieux qu'elle renferme[2]... »

Socrate entre alors dans l'explication du globe terrestre et il ajoute : « Une autre terre pure est en haut, dans le ciel radieux où sont les astres... tout y est d'une infinité de couleurs en nuances éblouissantes de vermeil et d'or, tout est parfait dans cette terre parfaite et en rapport avec ses qualités, en sorte que ce spectacle grandiose est celui des bienheureux. Avec l'air infiniment pur qu'ils respirent dans l'éther, ils ont des bocages sacrés et des temples véritablement habités par les dieux, qui y manifestent leur présence par les oracles, les divinations, les inspirations ou autres signes sensibles et qui conversent avec eux. Ils contemplent aussi, sans aucun milieu, le soleil et les astres brillants tels qu'ils sont eux-mêmes dans l'essence de ce qui les environne ; tout le reste de leur félicité est dans cette proportion... à l'entour sont plusieurs abîmes... il en est un, le plus grand de tous, qui passe au travers de la terre. Homère parle de

---

[1] Ὄψη ἡ Γλαύκου. Proverbe que l'on appliquait à tout ce qui n'exigeait pas beaucoup d'esprit ni de perspicacité. L'origine n'en est pas connue.

[2] *Phédon*, LVII, *in fine*.

— 35 —

*cet abîme quand il dit : « Bien loin, dans l'a-
bîme le plus profond qui est sous la terre... »
— Ce n'est pas le seul qui appelle ce lieu-là le
Tartare : la plupart des poètes sont en cela d'accord avec lui[1]. »*

Le philosophe est donc initié à la cosmographie
primitive des Grecs, où l'univers se divise en trois
régions : au milieu, la *terre* ; au-dessus, le *ciel* et
l'*éther* ; au-dessous, le *Tartare*[2].

C'est dans ce gouffre immense, insondable, que
gisent les Titans ; le Tartare est ainsi bien distinct
de l'*Hadès*, qui est situé dans l'épaisseur de la
masse terrestre. Plus tard, quand les Titans se
confondirent avec d'autres monstres qui, comme
eux, sont l'image des forces désordonnées de la
nature, on leur attribua un séjour plus rapproché
du domaine de l'homme, et alors ils personnifient
les phénomènes souterrains, les tremblements de
terre, les éruptions volcaniques. Au sujet de l'Hadès, Homère rapporte des croyances populaires
deux mythes très différents : — dans l'un, c'est le
séjour de ce Zeus souterrain en même temps que
la résidence des morts ; le *Styx* est le seul fleuve
qui traverse cette sombre demeure dont l'effrayant
aspect inspire même aux dieux une supersti-
tieuse terreur[3] ; — dans l'autre, la tradition résulte
de cette idée que se faisait Homère de la conifor-
mation de la terre : le royaume d'Hadès, dieu
des Enfers, se trouve au-delà de l'Océan en une
région ténébreuse de l'Occident où Hélios n'envoie jamais ses rayons. Là, coulent le *Pyriphlégé-
thon*, affluent de l'Achéron, et le *Cocyte* qui n'est

[1] *Phédon*, LIX. — Comp. Virgile, *Enéide*, VI, vers 125 à 140.
[2] Homère, *Iliade*, VIII, 16 et suiv.
[3] *Iliade*, XV, 37 ; *Od.*, X, 514.

qu'un bras du Styx[1]. Les ombres des morts se promènent dans la prairie d'Asphodèle, au bout de laquelle se trouve l'Érébos[2], partie la plus noire de cet épouvantable lieu, entre le monde supérieur et la demeure d'Hadès. Les âmes devaient traverser cette région avant d'arriver aux enfers.

Toutes ces traditions sont reproduites dans le Phédon, au dernier entretien de Socrate, même jusqu'au marais d'ACHÉRUSIADE[3] : « *Ceux qui ont vécu sans être tout à fait mauvais ni absolument innocents, sont envoyés dans l'Achéron[4]. Là, ils s'embarquent pour être portés au marais d'Achérusiade qui leur sert de demeure et y subissent des peines proportionnées à leurs crimes jusqu'à l'époque où, purgés et lavés de leurs péchés, puis délivrés, ils puissent recevoir la récompense de leurs actions bonnes. Quant aux incurables... ils sont précipités dans le Tartare, d'où ils ne sortent jamais... — Ceux qui ont commis des fautes expiables subissent un autre traitement... — Mais ceux qui ont passé leur vie dans la sainteté sont délivrés de ces lieux terrestres affreux et reçus là-haut... vivent pendant toute l'éternité dégagés de leur corps et sont accueillis en ces demeures délicieuses[5]* »...

Il est intéressant de rapprocher de la rêverie

[1] Conf. DECHARME, *Myth. de la Grèce antique*, qui résume avec clarté les travaux célèbres d'Otf. Müller, de Gehrard, de Welcker, de Preller, de Cox, etc., Paris, Hachette, gr. in-8°, 1879.

[2] *Iliade*, VIII, 368.

[3] *Phédon*, LXII. — Il est curieux de comparer ce chapitre du Phédon avec l'*Enfer* du Dante, chant VI et la suite.

[4] Fleuve de l'Hadès qui reçoit le *Pyriphlégéton* (torrent de feu) et le *Coryte* (fleuve des lamentations). Primitivement l'Achéron était un torrent de la Thesprotide qui forme un lac avant de se jeter dans la mer en face de Paxos. Les exhalaisons pestilentielles de ce marais et la teinte sombre de ses eaux furent l'origine de certaines traditions locales dont s'empara Homère pour faire de l'Achéron un fleuve de l'Hadès.

[5] Le *Phédon*, LX et LXI.

du Phédon sur le mythe de la vie future la rêverie merveilleuse d'une puissante imagination enchanteresse qui, après les philosophes grecs, après Leibnitz[1], après Jean Reynaud[2], a essayé de rechercher le séjour de l'immortalité. Ayant exposé les preuves classiques du problème métaphysique de l'âme, *Gratry* se demande où est la demeure idéale des âmes des enfants de Dieu. La religion et la science se taisent, mais il passe outre : il tente de lire dans l'univers visible l'histoire de la vie invisible des âmes et des lois de leur destinée éternelle. *Quelle sera donc la région*, parmi tous les mondes, qui réunira toutes ensemble les âmes transformées par le sacrifice et purifiées par l'amour? En poète mystique, il prend son vol vers les espaces célestes pour la découvrir... Frisson de l'infini... Astres innombrables... Pourquoi notre terre tourne autour du soleil comme autour d'un centre lumineux infini... — Cette région suprême serait le *Soleil*, monde central, quatorze cent mille fois plus grand que la terre, immuable au milieu des astres qui gravitent autour de lui, foyer sans ombre de la lumière universelle... « *région rêvée toute revêtue de gloire.* » — Évidemment les 150 pages que Gratry a consacrées à cette recherche ne présentent ni théologie, ni données

---

[1] LEIBNITZ (1646-1716) dit dans ses *Essais de Théodicée*, tome I, p. 19 : « Combien notre terre est peu de chose par rapport aux choses visibles! Il se peut que tous les soleils ne soient habités que par des créatures humaines... Ne se peut-il pas aussi qu'il y ait un grand espace au-delà de la région des étoiles? Que ce soit le ciel empyrée ou non, cet espace pourra être rempli de bonheur et de gloire... il pourra être conçu comme l'océan où se rendent les flots de toutes les créatures bienheureuses, quand elles seront venues à leur perfection. » — Ce grand philosophe du XVIIe siècle a imaginé aussi le système des *monades* et l'*harmonie préétablie*; il a combattu l'empirisme de Locke, a admis les *idées innées*, a professé l'optimisme en théodicée et rivalisé avec Newton en sciences.

[2] JEAN REYNAUD, *Terre et Ciel*, Paris, 1854.

scientifiques irréfutables, ni philosophie, mais l'élan grandiose vers l'infini d'une intelligence vibrante et profonde : c'est précisément pour cela qu'elle ne pouvait manquer d'être frappée du danger de ses idées, puisqu'elle les reprit les unes après les autres pour les combattre surtout en ce qu'elles recèlent de faux « *sur la migration indéfinie des âmes*[1]. » Quoi qu'il en soit, on a remarqué avec raison que le lyrisme du P. Gratry échappe à toute critique : nul ne saurait dire quelle part de vérité comporte cette évocation magique.

Rien n'est plus commun dans l'antiquité que les descentes aux enfers. Ulysse y poursuit Ajax dans l'*Odyssée*; mais on ne sait pas au juste quand ils reviennent à la lumière, tant les lieux de ténèbres diffèrent peu, dans ces premières épopées, du monde que nous habitons. Virgile gradue mieux les peines et les récompenses, mais il n'a aucune vision du purgatoire. Pour la première fois on entrevoit celui-ci dans le Phédon, qui parle de ce lac marécageux *Achérusiade* où les coupables sont temporairement purifiés. On retrouve aussi les aïeux des diables Dantesques dans les dialogues de la *République* de Platon et dans les *Délais de la justice divine* de Plutarque[2] : aux lieux où s'accomplit la métempsycose des âmes, certains monstres s'emparent du corps des mortels, taillent ou suppriment leurs membres et, à grands coups de ciseaux, donnent à ceux qui furent des hommes la forme des êtres les plus divers. Silius Italicus, Stace, Lucain, d'un côté, Euripide, Aristophane, Sophocle, Eschyle, d'autre part, ont conduit aux

---

[1] GRATRY, *Connaissance de l'âme*, tome I, préface p. XXXIX.

[2] Voir la trad. de *Joseph de Maistre* § 42 et ce que le puissant écrivain savoyard dit en note de cette judicieuse légende d'Er l'arménien par opposition à Hume qui la taxait d'extravagante.

enfers les Latins et les Grecs. Ce légendaire voyage était si obligatoire que Virgile n'en dispense même pas son *Moucheron*. Toutefois personne, chez les païens, ne croyait à ces inventions poétiques : Lucien comme Lucrèce, Sénèque et Juvénal s'en moquent ouvertement. Au contraire les chrétiens prirent de bonne heure au sérieux le monde des châtiments et celui des récompenses[1].

Cette tradition, à mesure qu'approche l'*an mille*, s'agrandit et se multiplie au point que la crédulité publique en est imprégnée de terreur et, quand l'époque fatale eut passé sans cataclysme, on ne la crut qu'ajournée : la poétique de l'*enfer* et du *ciel* ne perdit point son crédit, puisque les monuments religieux du moyen-âge[2] conservent la trace des pensées dominantes alors à cet égard dans les esprits. Dante est venu donner une forme sincère et sérieuse à l'inspiration catholique en un

[1] Saint Grégoire le Grand, pape de l'an 590 à 604, renchérissant sur l'apocalypse, introduit dans ses curieux dialogues, IV, 36, un soldat qui revient à la vie : celui-ci raconte qu'il vient de voir une vaste pleine, où, d'un côté, sont les *méchants* entassés dans des cabanes fétides ; de l'autre côté, les *bons*, vêtus de blanc, dans des palais lumineux. Au milieu, sur un fleuve bouillant, était jeté un pont de plus en plus étroit, d'où tombent ceux qui veulent le passer sans être purifiés. Il faut remarquer que le pont de l'épreuve est emprunté à la *théogonie Persane*, d'où il a passé depuis dans le *Coran*. Voilà une des premières traces de l'invasion des légendes orientales au sein des traditions chrétiennes du moyen-âge.

[2] Entre autre, la cathédrale d'Autun, Sainte-Marie d'Orvieto, Notre-Dame de Paris. — En général, la mythologie païenne, en pénétrant dans l'enfer chrétien, y devient plus terrible : depuis l'époque byzantine c'était l'esprit du christianisme de rechercher les images repoussantes et, par des spectacles horribles, d'inspirer l'effroi. On est supris de rencontrer Caron et les Furies, les Harpies et le Minotaure mêlés, dans le sombre royaume de Satan, aux diables et aux démons. On voit au chœur du *Dôme de Milan* des reliefs scandaleux circulant, sur le bronze du moyen-âge, autour des gigantesques candélabres à l'entrée du chœur, près de cette table de Communion merveilleuse soutenue par des anges en marbre de Carrare. L'auteur de cette étude en parle *de visu*.

temps où les conteurs, déjà peu croyants, ne voyaient plus dans ces visions qu'un thème littéraire.

Dans sa clairvoyance des choses divines et humaines Platon avait indiqué l'échelle des peines, le repentir et la loi du pardon. Il en fit la philosophie de son Socrate à qui il prêta ces nobles paroles du suprême entretien avec ses disciples[1] : « *A la vérité, mes amis, il ne conviendrait pas à un homme sensé d'affirmer que les choses sont exactement comme je viens de vous les décrire. Cependant, qu'il en soit ainsi ou à peu près de nos âmes et des divers états par lesquels elles doivent passer, si l'âme est en effet une substance immortelle, il me paraît vraiment qu'on peut l'affirmer décemment, et que la chose vaut la peine qu'on se hasarde d'y croire. N'est-ce pas une sublime expérience à tenter, et combien il serait à désirer qu'on pût s'en laisser séduire et comme enchanter! C'est pour cette raison que je me suis plu à prolonger cet entretien. Les mêmes motifs doivent inspirer sur la destinée de l'âme une pleine confiance à tout homme qui a dédaigné au cours de sa vie les voluptés du corps et ses ornements extérieurs étrangers à lui-même, qui s'est appliqué à enrichir son âme des qualités propres à sa nature, telles que la tempérance, le courage, la liberté et la vérité. Celui-là attend le moment de descendre chez Pluton, comme étant déjà tout prêt à faire le voyage fatal quand le destin l'y appellera. Pour vous, Simmias et Cébès, et vous tous qui êtes ici près de moi, vous y arriverez chacun à votre tour, dans un temps ou dans un autre. Aujourd'hui, c'est moi* « QU'APPELLE DU DESTIN L'IRRÉVOCABLE ARRÊT! » *dirait un poète tragique*[2].

[1] *Le Phédon*, LXIII.
[2] EURIPIDE, *Alceste* (438 avant Jésus-Christ), vers 252 et suivants. — Comp. RACINE, *Iphygénie en Aulide*, préface.

Socrate, qui va mourir, conservant toute sa présence d'esprit habituelle avec une rare fermeté, fait ainsi allusion aux vers débités par Alceste dans Euripide, qu'a imités Racine[1]. Il recommande une dernière fois à ses disciples de ne pas manquer de suivre ses enseignements ; mais, comme il ne se préoccupe aucunement des choses réelles de sa fin, Criton, en homme pratique qui veut scrupuleusement remplir toutes les intentions du maître, lui dit : « *Oui, nous nous appliquerons tous à observer tes maximes ; mais comment devrons-nous t'ensevelir ?* » — *Comme vous voudrez*, répondit Socrate, *si toutefois vous pouvez me saisir... si je ne vous échappe pas !* » D'un froid sourire, il ajouta : « *Mes amis, je ne saurai persuader à Criton que celui qui vous parle à l'instant... c'est moi, c'est Socrate ; il s'imagine toujours que je suis celui qu'il verra mort tout à l'heure et voilà pourquoi il me demande comment il doit m'ensevelir[2]. Tous les raisonnements de ce long entretien tendant à vous démontrer qu'aussitôt que j'aurai bu la ciguë, je cesserai d'être présent parmi vous pour monter au séjour heureux qu'habitent les âmes fortunées, — lui semblent apparemment de vains discours faits pour vous consoler et me consoler moi-même... Soyez donc mes garants auprès de Criton de la vérité de mes paroles[3]* »...

L'exposé métaphysique du Phédon se termine ici : Socrate confirme par sa mort sereine toute sa doctrine. Platon raconte les dernières heures de

---

[1] Je vois déjà la rame et la barque fatale ;
J'entends le vieux nocher sur la rive infernale.
Impatient, il crie : « On t'attend ici-bas ;
Tout est prêt ; descends, viens ; ne me retarde pas ! »

[2] CICÉRON, *Tusculanes*, I, 43 traduit en latin textuellement tout ce passage du Phédon.

[3] *Le Phédon*, LXIV. — PLATON, dans le *Timée*, dit : « *L'âme retourne à son étoile, croyant qu'elle en fût détachée quand la nature l'unit à une forme.* » — Comp. *Le Phédon*, LXIII.

l'innocente victime des Athéniens : « *Il se leva et passa dans une chambre voisine pour prendre le bain ; Criton l'y suivit, mais il nous pria de l'attendre. Nous l'attendîmes en effet, tantôt nous entretenant ensemble sur ce qu'il venait de nous dire, tantôt absorbés dans nos mornes réflexions. Il y avait des moments où nous ne pouvions nous empêcher de causer de l'horrible malheur qui allait nous frapper, nous considérant comme des enfants privés de leur père et qui, désormais, allaient vivre orphelins...*[1] »

Après le bain, on lui amena ses enfants[2], et les femmes de sa famille entrèrent aussi auprès de lui. En présence de Criton il s'entretint sans faiblesse avec elles, leur adressa doucement ses extrêmes recommandations, puis les pria de se retirer et d'emmener les enfants. Ayant ainsi passé un temps assez long dans la chambre voisine, il rentra dans celle où étaient restés ses amis et disciples, avec lesquels il ne conversa plus que peu d'instants. Le coucher du soleil approchait ; le serviteur des Onze parut et présenta la coupe à Socrate. Versant quelques gouttes du breuvage mortel pour en faire une libation, il voit avec peine Phédon, enveloppé dans son manteau, verser un torrent de larmes, Criton ne pouvant non plus maîtriser sa douleur, Apollodore jetant des cris déchirants. Puis d'un trait il boit le poison. En un mot, le Phédon décrit une scène touchante d'émotion chez les assistants, de grandeur d'âme chez le condamné qui leur dit : « *O mes amis, que faites-vous ? N'était-ce pas précisément pour éviter tout cela que j'avais renvoyé les femmes ? J'ai ouï dire qu'il faut, à ses der-*

[1] Le *Phédon*, début du LXV.
[2] Socrate avait deux enfants en bas âge, et un autre plus grand. Les deux derniers nés étaient de Myrto, sa seconde femme.

niers moments, s'entourer de présages heureux... ¹»
Quelques instants après, il rendait l'âme et Criton
lui ferma les yeux. Jusqu'au dernier soupir il philosophe gaiement avec son entourage, il discute de
l'au-delà, il argumente, il plaisante avec un stoïcisme qui n'est ni guindé, ni morose. Pas de dé-
faillances, aucun frisson réflexe à l'approche du
trépas ; pas de grands mots non plus. Sincère et
simple comme toujours, tranquille en ses apprêts,
courageux et confiant dans l'immortalité de l'âme.
Tel est le Socrate du Phédon.

Au récit original que le jeune Phédon d'Élis fit à
Échécrate, récit authentique qui devint fort recher-
ché à cette époque, Platon a certainement beaucoup ajouté. Socrate a dû affirmer sa foi en la préexistence, l'indivisibilité et l'immortalité de l'âme ;
mais l'argument des contraires, celui de la réminiscence, la théorie des idées innées, le mythe
de la vie future, l'exposition scientifique des mystères qui se passent au sein de la terre, les apo-
logues poétiques appartiennent plutôt au dialec-
ticien et au poète que fut Platon.

En tous cas, bien qu'il soit difficile, dans un tel
écrivain, de séparer l'intérêt dramatique de la
pensée philosophique, on doit reconnaître que
celle-ci l'emporte parfois et que la métaphysique
domine le disciple de Socrate. Même quand la réflexion a démontré la variété et la profondeur des
doctrines exposées dans le *Phédon*, on ne demeure
pas moins pénétré de son unité sans que cette philosophie apporte le moindre contraste avec l'action du drame. Dans les diverses parties de ce dialogue, on retrouve presque tout le platonisme,
mais son ensemble reste néanmoins un chef-
d'œuvre de simplicité littéraire.

¹ Le *Phédon*, LXVI.

IV

De ce qui précède, on peut pressentir que Lamartine, avec sa personnalité prime-sautière, son
inspiration purement spontanée, a dù abandonner
la majeure partie du Phédon, moins intéressante
pour lui que pour un philosophe. Mais il importe
d'en retenir le surplus afin de juger comment
son poème va le défigurer. Il ne s'en cache pas
d'ailleurs, puisqu'il prend soin d'en prévenir le
lecteur[1]. Tout en portant l'empreinte de l'antiquité, son poème dénote cependant une philosophie
plus avancée et comme un « *avant-goût du christianisme* » importé dans une ère contemporaine
des Olympiades.

Il n'est pas possible de se méprendre sur les
intentions du jeune poète (il avait alors environ
trente ans); ce serait vraiment injuste de lui faire
grief de ne pas discuter en vers des plus graves
questions philosophiques. De tout ce que le Phédon contient de vaguement conforme au sentiment
chrétien, il va s'en emparer en négligeant tout le
reste. Or il se pourrait bien, quoi qu'en ait cru le
moyen-âge, qui vit dans Socrate un précurseur du

---

[1] *Œuvres compl.*, tome I, p. 310, *Avertissement.*

Christ[1], qu'en négligeant ce reste, il ne soit obligé
à laisser de côté une large partie du fameux dialogue. L'épigraphe qu'il a inscrite en tête de son
poème en synthétise, du reste, l'idée dominante :
« *La Vérité, c'est Dieu.* » Comme dans le christianisme, Dieu occupe par conséquent dans sa
poésie une place qu'il ne peut avoir ni dans le
Phédon, ni, en général, dans la philosophie platonicienne.

Lamartine débute, dans sa *Mort de Socrate*,
avec une grandeur émue et solennelle que ne pouvait présenter le début du *Phédon* bien plus vécu
et familier ; mais il respire en noble langage *l'âme
grecque*, amoureuse de la lumière, du tragique et
de la beauté :

Le soleil, se levant aux sommets de l'Hymette,
Du temple de Thésée illuminait le faîte
Et, frappant de ses feux les murs du Parthénon,
Comme un furtif adieu, glissait dans la prison ;
On voyait sur les mers une poupe dorée,
Au bruit des hymnes saints, voguer vers le Pirée,
Et c'était ce vaisseau dont le fatal retour
Devait aux condamnés marquer leur dernier jour ;
Mais la loi défendait qu'on leur ôtât la vie,
Tant que le doux soleil éclairait l'Ionie,
De peur que ses rayons, aux vivants destinés,
Par des yeux sans regard ne fussent profanés,
Ou que le malheureux, en fermant sa paupière,
N'eût à pleurer deux fois la vie et la lumière !
Ainsi, l'homme exilé du champ de ses aïeux
Part avant que l'aurore ait éclairé les cieux !

On voit alors quelques amis en deuil errer sous le
portique et venir bientôt frapper aux portes de la
prison, où ils pénètrent auprès de Socrate qui leur
dit que, semblable à la Théorie sacrée qui va re-

[1] Saint Jérôme a même placé Sénèque au nombre des saints, et
Virgile était considéré comme un précurseur du Christ,

venir de Délos, « *son âme, aussitôt qu'elle, en-*
trera dans le port... »

> Et cependant parlez ! et que ce jour suprême
> Dans nos doux entretiens s'écoule encor de même !
> Ne jetons point aux vents les restes du festin ;
> Des dons sacrés des dieux usons jusqu'à la fin.

Le héros du drame renouvelle sa foi en l'*immortalité* par cette délicieuse figure de l'*apologue
du cygne*, que Lamartine traduit cette fois avec
beaucoup plus de concision, même avec plus de
magnificence, que l'original grec[1] :

> Les poëtes ont dit qu'avant sa dernière heure
> En sons harmonieux le doux *cygne* se pleure ;
> Amis, n'en croyez rien ! l'oiseau mélodieux
> D'un plus sublime instinct fut doué par les dieux !
> Du riant Eurotas, près de quitter la rive,
> L'âme de ce beau corps à demi fugitive,
> S'avançant pas à pas vers un monde enchanté,
> Voit poindre le jour pur de l'immortalité,
> Et, dans la douce extase où ce regard la noie,
> Sur la terre en mourant elle exhale sa joie
> Vous qui près du tombeau venez pour m'écouter,
> *Je suis un cygne aussi : je meurs, je puis chanter !*

Une série d'autres admirables alexandrins se

---

[1] Phédon, XXXV. S'adressant à Simmias en souriant, Socrate
dit : « *Vous me croyez donc, quant au pressentiment et à la divination, bien inférieur au cygne? Car les cygnes, quand ils sentent
qu'ils vont mourir, chantent encore mieux que jamais, dans la joie
qu'ils éprouvent d'aller trouver le dieu qu'ils servent. Mais les
hommes, par crainte de la mort, calomnient ces cygnes en disant
qu'ils pleurent leur trépas et qu'ils chantent de tristesse, et ils ne
réfléchissent pas qu'il n'y a point d'oiseau qui chante quand il a
faim ou froid, ou qu'il est triste, pas même le rossignol, l'hirondelle
ou la hupe, dont on prétend aussi que le chant respire la douleur
et n'est qu'un véritable regret. Or ces oiseaux ne chantent nullement
de tristesse, et encore moins les cygnes qui, appartenant à Apollon,
sont divins, et qui, prévoyant le bonheur dont on jouit au sortir de
la vie, se réjouissent et chantent mieux ce jour-là qu'ils n'ont jamais
fait. Et moi aussi je pense que je sers Apollon...* »

déroule à propos du désir que manifestent les disciples de Socrate de l'entendre encore une fois parler d'espérance et d'immortalité. Lamartine en profite pour faire allusion à la légende du *démon de Socrate*[1]. Ce qui est certain c'est que le Phédon met seulement dans la bouche du maître l'histoire de ses études métaphysiques qui rappelle à la fois celles d'un Descartes et le doute de Montaigne[2]. Mais écoutons notre poète :

[1] XÉNOPHON, dans son *Apologie de Socrate*, III, fait allusion au démon de Socrate : « ἐγὼ δὲ τοῦτο δαιμόνιον καλῶ... » Il en parle dans un sens extrêmement restrictif : « *Moi*, dit Socrate, *j'appelle tout cela la voix de Dieu.* » C'était une voix mystérieuse par laquelle il se disait inspiré dans les circonstances sérieuses de sa vie. Dans Platon, ce génie paraît se confondre avec la voix de sa conscience.

[2] Voici cette confession de Socrate dans les chapitres XLV et XLVI du Phédon : « *Je te dirai, Cébès, ce qui m'est arrivé à moi-même : jeune encore, j'étais enflammé d'un prestigieux désir de connaître ce qu'on appelle l'histoire de la nature ; car je trouvais grande et divine la science qui enseigne les causes de chaque chose, ce qui la fait naître, ce qui la fait mourir, ce qui la fait exister. Il n'est point de peine que je n'aie prise pour savoir si de la mémoire et de l'imagination, après un temps de repos, naît la science. Je voulais ensuite connaître les causes de leurs corruptions ; je sondais les cieux et les abîmes de la terre, et je voulais remonter à la source de tous les phénomènes que nous voyons. Enfin, après bien des recherches, je me trouvais aussi inhabile qu'on peut l'être à les mener à terme, et je vais t'en donner une preuve bien sensible : cette belle étude m'a rendu si aveugle à l'endroit des choses mêmes qui m'étaient les plus familières auparavant que j'ai oublié, parmi plusieurs choses sues, ceci : d'où vient que l'homme croît ?... Je ne saurai trouver par les raisons physiques comment la moindre chose naît, périt et existe. Mais je confonds dans ma tête une autre méthode avec celle-là ; car, cette dernière, je ne la comprends nullement. Ayant entendu lire un livre d'ANAXAGORE qui dit que l'intelligence est la cause de tous les êtres et qu'elle les a disposés et ordonnés, je fus ravi... Je me flattai d'apprendre l'essence des choses... Bientôt je me voyais déçu de ces merveilleuses espérances. . »* Socrate fait alors une amère critique d'Anaxagore et, après s'être fatigué à examiner tant de choses, de doutes, d'hypothèses, il prend pour base et pour fondement la raison qui lui paraît la meilleure dans les choses mêmes comme dans les causes, et il rejette le contraire comme faux. Il ajoute : *« je dis donc qu'il y a quelque chose*

Vous le savez, amis, souvent : dès ma jeunesse,
Un génie inconnu m'inspire la sagesse...
.... jamais ne m'abandonne,
Toujours de son accent mon oreille résonne,
Et sa voix dans ma voix parle seule aujourd'hui ;
Amis, écoutez donc ! ce n'est plus moi : c'est lui !

Ce passage, en tous cas bien inspiré, est peut-
être inutile, d'autant plus que le poète évoque plus
tard encore ce génie familier dans la vision chrétienne qu'il attribue à son Socrate :

Quels secrets dévoilés ! Quelle vaste harmonie !...
Mais qui donc étais-tu, mystérieux génie ?[1]
Toi qui, voilant toujours ton visage à mes yeux,
M'a conduit par la voix jusqu'aux portes des cieux ?
Toi qui, m'accompagnant comme un oiseau fidèle,
Caresse encor mon front du doux vent de ton aile,
Es-tu quelque Apollon de ce divin séjour,
Ou quelque beau Mercure envoyé par l'Amour ?

. . . .

Ou n'es-tu, réponds-moi, qu'une simple pensée ?
Ah ! viens, qui que tu sois, esprit, mortel ou dieu !
Sors du voile éclatant qui te dérobe encore,
Approche !... Mais que vois-je ? ô *Verbe* que j'adore,
Rayon coéternel, est-ce vous que je vois ?...

De même qu'on l'a dit de Virgile, que l'église de
Mantoue chanta dans ses fêtes jusqu'au XVe siècle,
le Socrate de Lamartine va devenir un *précurseur*.

L'agonie du sage amène près de lui ceux qui
l'aiment. Dans le sombre tableau de la prison, on
voit se grouper femmes, amis et disciples, même
quelques étrangers. Il faut remarquer que, chez
notre poète, les personnages paraissant nominale-
ment dans le drame sont en petit nombre : et,

de bon, de beau, de juste, de grand en sois. Si tu ne contestes pas
ce principe, Cébès, j'espère démontrer la cause par ce procédé et te
convaincre de l'immortalité de l'âme... » —Conf. *le Phédon*, XLVI
à XLVIII.

Conf. CICÉRON, *Divination*, I, 54.

par contre, il fait intervenir Anaxagore qui n'en
était pas : *Cébès*, dont il fait le principal interlocuteur du maître, Simmias, *Platon, Phédon, Criton* et *Myrto*, la seconde femme du condamné.
Dans le PHÉDON au contraire, outre Xantippe, première femme du philosophe, nombreux sont les
personnages cités comme assistant à sa mort,
dont plusieurs retiennent l'attention, tels sont :
Eschine[1], qui était d'Athènes et dont parle Sénèque[2] d'une manière touchante ; — *Antisthène*
fondateur de la secte des Cyniques[3] ; — *Mé-
nexène*[4], devenu le prête-nom d'un dialogue de
Platon ; — *Simmias* et *Cébès*[5], tous deux de
Thèbes, disciples les plus zélés de Socrate ; — *Euclide*[6] et *Terpsion*, de Mégare ; — *Aristippe* de
Cyrène[7], qui fut le chef de l'école Cyrénaïque ; —

---

[1] Conf. GEDIKE, *M. Tulii Ciceronis hist. phil. antiquæ*, Berolini,
1872.

De beneficiis, I, c. 8. Sénèque raconte la façon dont Eschine
se donna, en quelque sorte, à Socrate.

[3] Sa biographie se trouve dans le recueil de DIOGÈNE LAËRCE,
I, VI, 1-19. Cicéron dit de lui, *De orat.*, III, 17 : « *Ab Antis-
thene, qui patientiam et duritiam in Socratico sermone maxime
adamaverat, cynici primum, deinde stoici manarunt* ».

[4] On trouve dans ce dialogue un magnifique éloge des Athéniens qui étaient morts en combattant pour leur patrie.

[5] Leur vie est indiquée dans DIOG. LAËRCE, II, 124 et suiv. On
croit que le traité de morale intitulé Πίναξ (le tableau), où se
trouve une allégorie assez ingénieuse sur la vie humaine, a eu Cébès pour auteur.

[6] C'est d'*Euclide* que la secte des Éristiques, dont Xénophon
fut le chef, prit le nom de Mégarique. — Conf. là-dessus Cicéron,
Acad., II, 42, et Diog. Laërce, II, 106 et suiv. Au dire d'AULU-GELLE,
cet Euclide était tellement avide d'entendre Socrate qu'il arrivait
souvent vers le soir à Athènes, déguisé en femme, au risque d'être
surpris et condamné à mort en vertu d'un décret athénien porté
contre tout habitant de Mégare qui oserait mettre le pied dans
leur cité (*Noctes Atticæ*, VI, 10).

[7] *Aristippe* est cité par Horace, *Epist.*, I, 17, vers 23, et Cicéron, *Tusc.*, II, 6, dit de lui : « *Socraticus Aristippus non dubita-
vit summum malum dolorem dicere. Deinde ad hanc enervatam*

Cléombrote, d'Ambracie ; — *Phédondès* de Thèbes, *Critobule, Hermogène, Ctésippe* de Peanée et *Epigène*. Les disciples qui discutent avec Socrate dans le Phédon sont *Apollodore*[1], *Echécrate, Criton*[2], *Cébès* et *Simmias*, enfin *Phédon*[3], tant chéri du maître dont il était le protégé reconnaissant et dont Lamartine peint la douleur immense :

> Mais Phédon, regrettant l'ami plus que le sage,
> Sous ses cheveux épars voilant son beau visage,
> Plus près du lit funèbre, aux pieds du maître assis,
> Sur ses genoux pliés se penchant comme un fils,
> Levait ses yeux voilés sur l'ami qu'il adore,
> Rougissait de pleurer et le pleurait encore.

Cette mise en scène est poétiquement charmante en un cadre dénué de tout agrément. Mais voici que Socrate, l'haleine oppressée, ressentant le froid du poison monter à son cœur, veut parler encore et faire ce qu'on pourrait appeler son testament philosophique si le terme n'était bien prosaïque pour des vers aussi divinement naturels que ceux-ci :

muliebremque sententiam satis docilem se Epicurus præbuit. » — Le Phédon prétend que Cléombrote et Aristippe n'étaient pas présents, en ajoutant malicieusement ἐλέγοντο γὰρ εἶναι ἐν Αἰγίνη. On raconte que *Cléombrote* fut si sensible à ce reproche qu'il se précipita dans la mer (ou d'un endroit élevé) : c'est ce que témoigne l'épigramme de Callimaque, Epigr. 24.

[1] APOLLODORE est représenté par Platon dans un état d'indicible douleur : « *Souriant, pleurant, hurlant* ».

[2] CRITON, disciple et grand ami de Socrate qu'il tenta vainement de sauver. Ce philosophe, mort en 380 avant Jésus-Christ, a laissé des dialogues qui ne nous sont pas parvenus, mais dont les classiques parlent avec éloge. Criton était le père de Critobule et cette famille était d'Athènes.

[3] *Phédon d'Elis* (ville de l'Elide), après la mort de Socrate retourna dans sa patrie et y fonda une école appelée *Érétriaque*, ou secte *Éléatique*, 370 avant Jésus-Christ. — Quant à *Platon*, il était malade au moment du trépas de Socrate et eut une profonde douleur de n'avoir pu y assister. — Conf. sur PLATON l'excellente notice généalogique, biographique et littéraire donnée par *Paul Couvreur* dans son texte pur du Phédon, Paris, Hachette, 1893.

Quoi ! vous pleurez, amis ! vous pleurez quand mon âme,
Semblable au pur encens que la prêtresse enflamme,
Affranchie à jamais du vil poids de son corps,
Va s'envoler aux dieux et dans de saints transports
Saluant ce jour pur, qu'elle entrevit peut-être,
Chercher la vérité, la voir et la connaître !
Pourquoi donc vivons-nous, si ce n'est pour mourir ?
Pourquoi pour la justice ai-je aimé de souffrir ?
Pourquoi, dans cette mort qu'on appelle la vie,
Contre ses vils penchants luttant, quoique asservie,
Mon âme avec mes sens a-t-elle combattu ?
Sans la mort, mes amis, que serait la vertu ?
C'est le prix du combat, la céleste couronne,
Qu'aux bornes de la course un saint juge nous donne.

Rarement, à travers les âges, la mort a été célébrée par un semblable chant ; rarement, en toutes littératures, d'aussi hautes conceptions ont été revêtues d'une forme aussi pleine de majesté. D'une irréprochable façon ce passage traduit l'idée de Platon : on en savoure d'autant plus les accents qu'on sait tout ce qu'ils signifient, tout ce qu'il y a derrière eux. Socrate lui-même eut pu prononcer le « *pourquoi dans cette mort qu'on appelle la vie* », tout comme cet autre fragment :

Qu'est-ce donc que mourir ? Briser ce nœud infâme,
Cet adultère hymen de la terre avec l'âme,
D'un vil poids, à la tombe, enfin se décharger !
Mourir n'est pas mourir, mes amis, c'est changer !...

L'idée et la phrase grecques éclatent dans l'éloquente simplicité de ce morceau. Une objection se présente : « *Mais mourir, c'est souffrir, et souffrir est un mal* ».

Amis, qu'en savons-nous ? Et quand l'instant fatal
Consacré par le sang comme un grand sacrifice
Pour ce corps immolé serait un court supplice,
N'est-ce pas par un mal que tout bien est produit ?
L'été sort de l'hiver, le jour sort de la nuit,

Dieu lui-même a noué cette éternelle chaîne ;
Nous fûmes à la vie enfantés avec peine,
Et cet heureux trépas, des faibles redouté,
N'est qu'un enfantement à l'immortalité.

Ce dernier vers reproduit « *la vie est un songe et la mort, un réveil !* [1] » C'est un des plus beaux qu'on puisse jamais lire en dialectique poétique : il sert de conclusion à *l'argument des contraires*, sauf cette différence que, dans le philosophe grec, l'argument tend à prouver que *l'âme ne meurt pas*, tandis que, chez Lamartine, les douleurs de l'anéantissement humain *ne prouvent rien contre l'immortalité*. Notons que le poète n'a pas cherché la pleine compréhension de l'argumentation platonicienne. Quoiqu'il cite en ses notes des fragments de la traduction du *Phédon* par Victor Cousin, il n'est pas moins véridique qu'il a commis en cet endroit un monumental contresens.

Les affres de la mort en font si peu un malheur à redouter que Socrate affirme par Lamartine :

Que des dieux indulgents la sévère bonté
A jusque dans la mort caché la volupté,
Comme en blessant nos cœurs de ses divines armes,
L'amour cache souvent un plaisir sous des larmes.

Au sourire de Cébès qui paraît incrédule, Socrate s'écrie : « *je le saurai bientôt* » et il poursuit ainsi sa pensée :

Oui, le premier salut de l'homme à la lumière,
Quand le rayon vient baiser sa paupière,
L'accent de ce qu'on aime à la lyre mêlé,
Le parfum fugitif de la coupe exalé,
La saveur du baiser, quand de sa lèvre errante

. . . .

[1] De MARC-AURÈLE. — Le *Phédon*, IX, dit que « *les véritables philosophes ne travaillent toute leur vie qu'à apprendre à mourir* ».

Sont moins doux à nos sens que le premier transport
De l'homme vertueux affranchi par la mort !
Et pendant qu'ici-bas sa cendre est recueillie,
Emporté par sa course, en fuyant il oublie
De dire même au monde un éternel adieu !
Ce monde évanoui disparaît devant Dieu !

Comme on lui demande *s'il suffit de mourir pour revivre*, le maître explique qu'il faut avoir eu l'énergie de réprimer pendant la vie ses mauvais penchants. A la félicité des âmes de bien[1], Lamartine oppose la sombre destinée qui attend celles des méchants : ces mânes gémissants, fantômes errant dans les ténèbres, honteux qu'ils sont de vivre encore, repoussent la lumière et s'en vont par les tombeaux promener leur éternelle douleur. « *Mais les âmes des bons ne reviennent jamais, et des enfants du ciel ils ont conquis la liberté.* »

Cette peinture décolorée a donné lieu à bien des critiques. Il y a loin delà à *Platon* et à *Dante*. Le génie de notre poète ne se prête qu'à la céleste vision du beau : il n'a pas le tempérament d'être comme eux à la fois éclectique et original ; il éprouve une lassitude, un instinctif frémissement d'horreur, *sans savoir l'exprimer*, rien qu'à parler de souffrance. Optimiste en tout, on peut dire de lui en vérité qu'il ne cesse jamais d'être « *plein ciel* ».

Ce fut là un reproche mérité qu'on lui adressa jadis avec celui des « *pages alambiquées de son roman panthéiste* » et celui de l'excès de son naturalisme. Un esprit fin qu'on n'accusera pas de sécheresse ni d'insensibilité pour la poésie, JOUBERT, a dit sagement : « *les harmonies font aimer les dissonances... la nature a bien sa musique, mais*

[1] « *Ils iront, d'un seul trait, du tombeau dans les cieux,
Joindre, où la mort n'est plus, les héros et les dieux...* »

elle est rare heureusement. Si la réalité offrait les mélodies que ces messieurs trouvent partout, on vivrait dans une langueur extatique et l'on mourrait d'assoupissement. »

Après le discours Lamartinien de Socrate sur les *Bons* et les *Méchants* après leur mort, celui-ci

... Se tut, et Cébès rompit seul le silence :
« Me préservent les dieux d'offenser l'Espérance,
Cette divinité qui, semblable à l'Amour,
Un bandeau sur les yeux, nous conduit au vrai jour !
Mais puisque de ces bords comme elle tu t'envoles,
Hélas, et que voilà les suprêmes paroles,
Pour m'instruire, ô mon maître, et non pour t'affliger,
Permets-moi de répondre et de t'interroger. »

Le maître avec douceur incline la tête et écoute. Quoique le poème n'ait pas de divisions marquées, on n'en touche pas moins clairement à la fin d'une première partie, celle qui se rapproche le plus du Phédon : si le document grec a traité son sujet différemment, il est avéré que le fond en est reproduit à peu près dans Lamartine, à première vue ! Mais un examen plus attentif de son poème révèle de nombreuses lacunes, bien plus graves encore dans ce qui va suivre.

V

Omission par Lamartine de la plupart des arguments plato-
niciens sur l'immortalité de l'âme. — L'harmonie et la lyre. —
Les dieux. — Panpsychisme. — Notion de Dieu dans Lamartine.
— Christianisation de Socrate par Lamartine. — Critique.

Lamartine passe absolument l'argument de la
réminiscence ; il l'a écarté sans doute de parti pris
avec le point subtil de la *préexistence des âmes*.
En effet, c'eût été offenser le dogme chrétien qui
impose la croyance que notre vie est la première
et n'en comporte aucune autre après elle. Il ne
pouvait suivre Platon ; mais il aurait pu retenir de
lui quelques raisonnements justes sur les *Idées*[1] :
la question idéologique, chère à ce génial philosophe, n'a rien que puisse contrarier notre dogme
catholique.

Des croyants, au moins aussi fervents chrétiens
que Lamartine, entre autres saint Anselme au
XI siècle et tous les Réalistes du moyen-âge, ont
professé l'*existence objective des idées*. Notre poète
n'en parle pas, parce qu'elle le gêne : elle lui
semble à la fois et compliquée et trop précise pour
la langue poétique comme pour ses inclinations
personnelles vers l'indéfini. Il se trouve ainsi con-
traint de modifier le mythe de la métempsycose :
logiquement il ne saurait admettre que les âmes

---

[1] Rosmini, *Origine des Idées*, ouvrage capital publié en italien à
Rovereto. — Comp. *Fouillée. Philosophie de Platon*, exposition
hist. et critique de la Théorie des Idées, Paris, 2 v. 8°, 1869.

des trépassés aillent animer d'autres corps. Tout
au plus montre-t-il, comme on l'a vu précédemment, les âmes des méchants devenues des *mânes
gémissants* errer à travers les tombeaux. Hésitant,
ne sachant quel parti prendre, il se résout à des
compromis qui ne mettent personne d'accord. A
l'égard du Phédon, Lamartine pèche donc autant
par omission que par déformation du modèle.

Dans « l'*intime liaison de la douleur et du plaisir* » de se rencontrer au dernier jour autour du
maître, les disciples discutent obstinément avec lui
de l'*immortalité*. La démonstration de Platon est des
plus importantes : cela se conçoit, étant donné le
but qu'il se propose. — Notre poète, au contraire,
se contente de célébrer l'immortalité plus qu'il ne
la prouve ; mais, s'il le fait avec magnificence et sait
parfois traduire le philosophe, il supprime cependant ses fondements solides à ce qu'il chante. On
sent déjà en lui le futur poète des *Harmonies,* plus
spéculatif, plus contemplatif qu'actif. A ceci, autant qu'à son besoin de christianiser Socrate, tient
la déformation dont le *Phédon* a été l'objet de sa
part.

Quant au style, une comparaison entre les
deux auteurs amène à confirmer notre appréciation : le style, étant le miroir du mode personnel
de penser et d'écrire, il est évident que celui de
Lamartine doit être merveilleusement aisé, harmonieux, poétique[1] ; — celui de Platon, aussi poète
que philosophe, ne lui cède en rien. Mais le premier a la plénitude d'une richesse spontanée ; le
second, celle du naturel, et ceci l'emporte sur la
forme littéraire dans le Phédon. *Eloquence — Dialectique :* voilà comment se caractérisent brième-

[1] Que l'on compare avec les essoufflements laborieux des
Quatre vents de l'esprit!

ment les deux manières dont Lamartine et Platon
ont traité les délicats mystères de l'âme et du
lendemain du trépas.

Cébès[1] interroge Socrate sur ce point :

> *L'âme*, dis-tu, *doit vivre au-delà du tombeau ;*
> Mais si l'âme est pour nous la lueur d'un flambeau,
> Quand le flambeau s'éteint, que devient la lumière ?
> La clarté, le flambeau, tout ensemble est détruit
> Et tout rentre à la fois dans une même nuit !
> Ou si l'âme est aux sens ce qu'est à cette lyre
> L'harmonieux accord que notre main en tire,
> Quand le temps ou les vers en ont usé le bois,
> Quand la corde rompue a crié sous nos doigts,
> Et que les nerfs brisés de la lyre expirante
> Sont foulés sous les pieds de la jeune bacchante,
> Qu'est devenu le bruit de ces divins accords ?
> MEURT-IL AVEC LA LYRE ? et l'âme avec le corps ?

En ce rhytme clair et musical, Cébès ayant
abordé l'objection épiphénoméniste, les sages[2],
se parlant l'un à l'autre, murmurent tout bas :
« *quand la lyre n'est plus, où donc est l'harmonie* »? Socrate semble prêter l'oreille à son génie
familier ; puis, apercevant l'angoisse de l'assistance, il répond que

> .... l'âme n'est pas l'incertaine lumière
> Dont le flambeau des sens ici-bas nous éclaire...
>
> . . . .
>
> L'âme n'est pas aux sens ce qu'est à cette lyre
> L'harmonieux accord que notre main en tire ;
> ELLE EST LE DOIGT DIVIN QUI SEUL LA FAIT FRÉMIR,
> L'oreille qui l'entend ou chanter ou gémir.....
> En vain la lyre meurt et le son s'évapore...

---

[1] Lamartine remplace ici à tort *Simmias* par Cébès, mais cela
importe peu. Sa traduction, tout en restant Lamartinienne, même
d'une précision charmante, est une excellente reproduction de la
pensée du Phédon.

[2] De jeunes gens qu'ils étaient dans l'œuvre grecque, ils sont
devenus *les sages* dans Lamartine, pour plus de majesté.

L'image rend supérieurement la théorie platonicienne : l'âme, qui existe avant le corps, vient
l'animer, puis l'abandonne au moment du trépas.
Seulement ce n'est qu'une image, tandis que Platon emploie l'argument de la *préexistence de l'âme*;
il démontre, il ne se contente pas de comparer.
Cet argument apparaît dans les vers de Lamartine : *le doigt existe avant la lyre*, et c'est en quoi il
ne lui est pas lié. L'omission de la *préexistence*
est pourtant radicale dans son poème et, en réalité,
il y a contradiction, masquée, il faut l'avouer,
par l'enchanteresse harmonie de sa poésie féconde.

Quand Cébès paraît convaincu, Socrate s'écrie :
« *Maintenant parlons des dieux.* » Avant de parler des dieux, il est à observer que le maître, dans
Lamartine, ne reprend pas l'objection de Cébès —
celle *de Cébès dans le Phédon*, — à savoir que l'âme
use plusieurs corps ; mais, ne pouvant vivre sans
l'un d'eux, elle finit par périr avec le dernier
qu'elle anime. L'objection suppose admis le principe que l'âme anime *successivement* plusieurs
corps et Platon en fournit le *mythe de la métempsycose*. Lamartine, l'estimant avec raison contraire au christianisme, a dû le laisser de côté.
Quelques lignes qu'il a retranchées du Phédon le
force encore, par voie de conséquence, à d'autres
coups de ciseaux : il en arrive à supprimer la réfutation de Socrate, ses considérations si fortes
sur les *Idées* et le *second argument des Contraires*,
— en fait, il omet une moitié du Phédon, et non
pas la plus négligeable. Réciproquement. toute
une partie du poème Lamartine n'a rien qui lui
corresponde dans le document grec : il suffit, pour
en avoir la preuve, de reprendre notre analyse.

Les dieux, que sont-ils? Pour le Socrate de Lamartine, ils sont « *l'image de Dieu pour nous di-*

vinisée » ; à ce titre divin il les adore — qu'on retienne ceci. Il va plus loin ; il se demande si *tout*, dans l'univers, n'a pas une âme, si les êtres ne forment pas *une échelle infinie d'esprits* dont Dieu serait le sommet. Peut-être que

> Notre air embaumé volant dans un ciel pur
> Est un esprit flottant sur des ailes d'azur ;
> Que le jour est un œil qui répand la lumière,
> La nuit, une beauté qui voile sa paupière ;
> Et qu'enfin dans le ciel, sur la terre, en tout lieu,
> Tout est intelligent, tout vit, *tout est un dieu*[1].

N'est-ce pas là, proprement dit, du *panpsychisme ?* « Mais, continue Socrate :

> ..... croyez-en, amis, ma voix prête à s'éteindre,
> Par delà tous ces dieux que notre œil peut atteindre,
> Il est sous la nature, il est au fond des cieux,
> Quelque chose d'obscur et de mystérieux
> Que la nécessité, que la raison proclame,
> Et que voit seulement la foi, cet œil de l'âme !
> Contemporain des jours et de l'éternité !
> Grand comme l'infini, seul comme l'unité !
> Impossible à nommer, à nos sens impalpable !
> Son premier attribut c'est d'être inconcevable ?
> Dans les lieux, dans les temps, hier, demain, aujourd'hui !
> Descendons, remontons, nous arrivons à lui !
> Tout ce que vous voyez est sa toute puissance,
> Tout ce que nous pensons est sa sublime essence !
> Force, amour, vérité, créateur de tout bien,
> C'EST LE DIEU DE VOS DIEUX ! C'EST LE SEUL ! C'EST LE MIEN ! »

---

[1] Comp. GRATRY, *Connaissance de l'âme*, II, p. 324. Il s'appuie même sur la science : observations envoyées de Londres en 1848 à l'Acad. des sciences de Paris. Son biographe, le R. P. Chauvin, dit éloquemment : « *Parti de l'observation de l'âme, Gratry a étudié le sens divin qui est en nous, le sens du vrai, du beau, du bien ; il en a suivi l'évolution continue et progressive jusqu'à l'Infini... Les grands génies l'ont éclairé et plus haut, la Révélation, lui a ouvert des étendues et des profondeurs nouvelles que le regard humain ne saurait, par ses propres forces, ni embrasser, ni pénétrer.* » (Le P. GRATRY, 1805-1872 — Paris, 8°, 1911, p. 262, ouvrage couronné par l'Académie Française).

Voilà bien un des heureux poètes (peut-être le seul) qui ait su parler de Dieu en mots presque dignes de sa puissance. Ce langage, qu'il attribue à son Socrate est empreint d'une élévation et d'un lyrisme dont on peut dire qu'ils ont atteint la sublimité, mais en déformant la tradition antique.

Quand on veut connaître l'opinion de Platon sur la *divinité*, on ne s'adresse pas au *Phédon* parce que ce dialogue ne roule tout entier, en dehors des circonstances qui l'ont provoqué, que *sur l'âme*, Περὶ ψυχῆς. Par antithèse Lamartine se laisse aller à introduire dans les paroles de Socrate toute une *profession de foi spiritualiste*. Il importe, à ce propos, d'observer que l'auteur du Phédon n'a pas consacré d'ouvrage à une *théodicée*, et que ses conceptions sur la divinité sont loin d'avoir une valeur de précision ; toutefois il admet l'existence d'un Dieu. Or ce Dieu n'est pas l'*Idée du bien* comme sa *République* l'a insinué, mais le *Démiurge* (ὁ τοῦ κόσμου δημιουργός), et dans le *Timée*, ce créateur a lui-même créé les dieux et ceux-ci ont, à leur tour, créé les hommes.

Xénophon cherche à persuader que Socrate croyait à Zeus, à Vénus, à Aphrodite et autres divinités. Toujours est-il que, dans le sage, leur rôle est aussi réduit que couvert de doute : il n'eut peut-être point renié l'opinion que lui prête Lamartine. Cependant, s'il lui arrive de ne pas distinguer les dieux de Dieu, jamais il ne s'aventure à dire explicitement que ceux-là ne sont que l'image de celui-ci.

Le poète français s'éloigne encore ici singulièrement de son modèle : il a de Dieu une notion autrement définie que celle de l'antiquité. Il va s'écarter de plus en plus, dans la discussion sur le *mal*, des propositions des anciens philosophes.

VI

Poursuivant sans répit ses investigations, Cébès, dans le poème de Lamartine, demande *qui a créé le mal.* — Le crime !' — Or il ne s'agit pas ici du mal au *sens moral* du mot, car alors le crime n'existerait que par le mal, et non le mal par lui, — mais il s'agit du *mal au sens matériel,* au sens voisin, sinon synonyme, de *malheur.* Lamartine fait allusion au *dogme du péché originel.* Du reste il détermine ce qui cause en ce monde terrestre notre mauvaise fortune : *c'est l'union du corps et de l'âme.* Ces données sont autant platoniciennes que chrétiennes : selon Platon, notre âme autrefois était bienheureuse, elle pouvait entrevoir les essences infinies, les vérités éternelles. Par suite de ses négligences (de ses *péchés,* disons le mot), elle s'est vue contrainte à venir se mêler à de la matière, — châtiment, expiation. Voilà donc une coïncidence assez inattendue soit du christianisme soit du platonisme ! Lamartine a dû se réjouir de pouvoir en profiter ; néanmoins il se montre obscur sur le problème de cette union de l'âme et du

---

¹ On a dit que c'était là « *de la métaphysique de poète* ».

corps. Elle est née du crime, oui ; mais *de quel crime ?* En façonnant son Socrate à sa manière, il n'ose pas encore adopter le dogme chrétien et, d'autre part, n'ayant pas admis le principe *d'une existence préexitante de l'âme*, il ne peut suivre exactement l'auteur grec. Sa christianisation de Socrate repose sur des équivoques. Même critique à formuler sur le *paradis* qu'il veut tirer du Phédon. Mais admirons au moins ce dialogue supérieurement poétisé :

— Connais-tu le chemin de ce monde invisible ?
Dit Cébès, — à ton œil est-il donc accessible ?
— Mes amis, j'en approche, et pour le découvrir...
— Que faut-il ? dit Phédon. — Être pur et mourir !...
Dans un point de l'espace inaccessible aux hommes,
Peut-être au ciel, peut-être aux lieux même où nous sommes,
Il est un autre monde, un Élysée, un ciel...
Où les âmes des bons, de Dieu seul altérées

. . . .

Où le regard de Dieu donne aux âmes le jour

. . . .

Où des *corps* immortels.....
— Quoi ! des corps immortels ?... la mort avec la vie !
— Oui, des corps transformés que l'âme glorifie ! [1]

Oui, *des corps épurés faits de matière subtile.* Lamartine indique par Socrate le *dogme*, chrétien encore, de la *résurrection des corps*. L'altération des croyances antiques est par trop accentuée. Ici, la félicité suprême n'est plus, comme chez Platon, la contemplation de l'*essence* des choses divines et humaines (οὐσία) [2], de la vérité, de Dieu ; *c'est*

[1] Pour prendre un terme de peintre, on pourrait dire qu'il y a du *flou* dans tout cela, malgré l'éblouissement que causent les beaux vers du poète.
[2] Sénèque, *Lettres à Lucilius*, 58, explique ce mot qui n'a aucun équivalent en latin.

l'amour, comme dans le christianisme. Au paradis chanté par Lamartine,

> ... l'âme, qui jadis esclave sur la terre,
> A ses sens révoltés faisait en vain la guerre,
>
> . . . .
> . . . .
>
> Cherchant ces grands esprits qu'elle a jadis aimés,
> De soleil·en soleil, de système en système,
> *Elle vole et se perd avec l'âme qu'elle aime,*
> Dé l'espace infini suit les vastes détours
> Et dans le sein de Dieu se retrouve toujours.

Plus loin on lit encore :

> Grâce à ces fruits divins que le ciel multiplie,
> Elle soutient, prolonge, éternise sa vie,
> Et peut, *par la vertu de l'éternel amour,*
> *Multiplier son être, et créer à son tour* [1] !

Ainsi, il y a plus encore, et cela prête à sourire : les âmes, par leur union, peuvent créer d'autres âmes, comme les corps d'autres corps. Ce serait ainsi un *amour terrestre* que les élus auraient en partage. Notre poète devient fantaisiste : il n'est plus ni chrétien, ni platonicien. Son invention, capricieusement sensuelle, se termine par une exclamation qui échappe à sa trop'juvénile ardeur.

> O célestes amours ! saints transports ! chaste flamme !
> Baisers où sans retour l'âme se mêle à l'âme,
> Où l'éternel désir et la pure beauté
> *Poussent en s'unissant un cri de volupté* [1] !

Mais le drame va s'accomplir. A l'heure fatale, devancée par Socrate, le serviteur des Onze apparaît portant la coupe de poison. En 57 jolis vers,

---

[1] Comp. LAMARTINE, *Pages de la vingtième année* ; — SAINTE-BEUVE, *Causeries du lundi*, Paris, éd. Garnier, 1851, tome I, p. 59 à 73 ; — et mes articles littéraires sur *Lamartine* dans le SAVOYARD DE PARIS, 1910, à propos de Julie, l'Idylle d'Aix-les-Bains.

Lamartine l'a décrite en détail, en livrant plein essor à toute son inspiration lyrique :

> Sur les flancs arrondis du vase au large bord,
> Qui jamais de son sein ne versait que la mort,
> L'artiste avait fondu sous un souffle de flamme
> L'histoire de Psyché, ce *symbole de l'âme ;*
> *Et, symbole plus doux de l'immortalité,*
> Un léger papillon en ivoire sculpté,
> Plongeant sa trompe avide en ces ondes mortelles,
> Formait l'anse du vase en déployant ses ailes ;
> *Psyché,* par ses parents dévouée à l'Amour,
> Quittant avant l'aurore un superbe séjour,
> D'une pompe funèbre allait environnée
> Tenter comme la mort ce divin hyménée...

Le *symbole de Psyché* est une page intéressante, d'une séduisante poésie, mais on pourrait la distraire d'un sujet aussi grave qu'est « LA MORT DE SOCRATE », sans rien enlever à celle-ci de sa dramatique et sévère beauté.

Après libation « *aux maîtres des humains* », sans émotion, sans changer de visage, Socrate vida la coupe empoisonnée. Environ deux cents vers nous séparent de la fin du poème. Les adieux et l'agonie d'un philosophe sont matière à longueur ; on peut le dire sans raillerie quand on as te à de pareils adieux :

> Espérons dans les dieux, et croyons en notre âme !.....
> Amis, prenons vers eux le vol de l'espérance !
> Point de funèbre adieu ! point de cris ! point de pleurs...
> . . . .
> . . . .
> Relevez donc ces fronts que l'effroi fait pâlir !
> Ne me demandez plus s'il faut m'ensevelir,
> Sur ce corps qui fut *moi,* quelle huile on doit répandre ;
> . . . .
> . . . .
> Ce corps vil, composé des éléments divers,
> Ne sera pas plus *moi,* qu'une vague des mers,

Qu'une feuille des bois que l'aquilon promène,
Qu'un atome flottant qui fut argile humaine,
Que le feu du bûcher dans les airs exhalé,
Ou le sable mouvant de vos chemins foulé !
Mais je laisse, en partant, à cette terre ingrate
Un plus noble débris de ce que fut Socrate :

. . . .

. . . .

MON AME AUX JUSTES DIEUX! MA VIE A MÉLITUS.

Bonne reproduction encore ici de Platon, mais c'est la dernière, car il s'en éloignera de plus en plus à l'aventure.

Des bruits du dehors arrivent à la prison, une plainte s'élève sur son seuil : c'est Myrto, à l'heure des adieux, demandant son époux ; suspendus aux plis de sa robe qui traîne, les deux enfants du sage et de sa seconde femme, les pieds nus, suivent en chancelant les pas précipités de leur mère éplorée qui essuye ses larmes avec ses blonds cheveux.

Socrate, en recevant ses enfants dans ses bras,
Baisa sa joue humide et lui parla tout bas ;

. . . .

. . . .

. . . . . . puis, offrant ses fils aux dieux :
« Je fus leur père ici, vous l'êtes dans les cieux !
Je meurs, mais vous vivez ! Veillez sur leur enfance !
Je les lègue, ô dieux bons, à votre providence. »

Eu égard à la maîtrise d'âme qu'avait Socrate, la scène paraît trop humaine. Mais alors ce qui tombe sous le poids d'une amère critique, ce sont les longueurs poétiques incohérentes, les divagations étranges (sans doute sous l'action du poison) que le poète fait débiter à son Socrate mourant, entre autres ce vers ridicule « Attendez... Un, deux, trois... quatre siècles encore » qui entache le fragment sur la Vérité :

Oracles, taisez-vous ! tombez, voix du Portique
Fuyez, vaines lueurs de la sagesse antique !.....

. . . .
. . . .
. . . . . l'Olympe qui croule
Fera place au Dieu saint, unique, universel,
Le seul Dieu que j'adore et qui n'a point d'autel !...
Quels secrets dévoilés ! quelle vaste harmonie !

. . . .

. . . .
Heureux ceux qui naîtront dans la sainte contrée...

Son délire poétique fait du sage ironique un
précurseur du Christ, un prophète dans le genre
du Joad de Racine, de génie chrétien initié au
Verbe sacré, même au saint mystère de la Trinité :

L'énigme du destin se révèle à la terre !
Quoi ! J'avais soupçonné ce sublime mystère !
Noms mystérieux ! profonde *Trinité* !
Triangle composé d'une triple unité !
Les formes, les couleurs, les sons, les nombres même,
Tout me cachait mon Dieu ! tout était son emblème !

D'une voix qui faiblit l'homme juste parlait encore, mais ses disciples durent, pour l'entendre,
s'agenouiller plus près de lui. A l'instant du terme
de sa vie, l'intrépide Cébès, penché sur la couche
de son maître, suppliant son âme qui s'évapore,
veut l'interroger jusqu'au bord du trépas. Le dernier trait du drame se développe en un dialogue
dont il faut louer la réelle valeur :

— « *Dors-tu ?* lui disait-il ; la mort, est-ce un sommeil ?... »
Il recueillit ses forces et dit : — « C'EST UN RÉVEIL ! »
— « Ton œil est-il voilé par des ombres funèbres ? »
— « Non ; je vois un jour pur poindre dans les ténèbres ! »
— N'entends-tu pas des cris, des gémissements ? — Non ;
J'entends des astres d'or qui murmurent un nom !
— Que sens-tu ? — Ce que sent la jeune crysalide
Quand, livrant à la terre une dépouille aride,

Aux rayons de l'aurore ouvrant ses faibles yeux,
Le souffle du matin la roule dans les cieux.
— Ne nous trompais tu pas ? réponds : l'âme était-elle...?
— CROYEZ EN CE SOURIRE, ELLE ÉTAIT IMMORTELLE !...
— De ce monde imparfait qu'attends-tu pour sortir ?
— J'attends, comme la nef, un souffle pour partir !
— D'où viendra-t-il ? — Du CIEL ! — Encore une parole !..
— Non ; laisse en paix mon âme, afin qu'elle s'envole ! »

. . . .

Il dit, ferma les paupières ; son visage altéré s'é-
clairait par instant d'une lueur de vie. Semblant
respirer plus librement et, laissant sur ses lèvres
errer un vague sourire :

« Aux dieux libérateurs, dit-il, qu'on sacrifie !
Ils m'ont guéri !... — De quoi ? dit Cébès. — De la vie !... »
Puis un léger soupir de ses lèvres coula,.
Aussi doux que le vol d'une abeille d'Hybla !
— Etait-ce...? Je ne sais ; mais, pleins d'un saint dictame,
Nous sentîmes en nous comme une seconde âme !...

. . . .
. . . .

C'EST AINSI QU'IL MOURUT, SI C'ÉTAIT LA MOURIR !

VII

CONCLUSION

On ne peut contester la beauté de ce poème
« LA MORT DE SOCRATE ». L'ensemble en est magnifique de grandeur morale et d'harmonie. Son intérêt philosophique vient s'y joindre à l'intérêt tant
historique que littéraire. Lamartine pourtant aurait dû pratiquer, en son sens strict, l'adage d'Aristote : « *la poésie est plus vraie que l'histoire.* »

Sous le ciel de Florence, dans la patrie des arts,
en face de la vision des idoles du paganisme et
des chastes statues des saints, devant la double
image de l'acétisme et de la volupté, Dante Ali-
ghieri eût le secret de garder le sentiment de l'antiquité sans perdre le sentiment chrétien. Notre
poète a tenté aussi de concilier les deux extrêmes,
mais leur alliance est difficile quand il s'agit de
métaphysique et de croyances religieuses.

Avec le christianisme s'était ouverte une ère
distincte. Ne sait-on pas quelle place tient *l'autre
monde* dans les dogmes catholiques ? On devine
celle qu'il a dû tenir dans son histoire. Succédant
au matérialisme des antiques théogonies, la poésie des temps nouveaux, la poésie des légendes,
put bientôt, à la suite du dogme, s'emparer de
ces domaines inoccupés de la mort et les repré-
senter comme la future patrie éternelle à ceux

qui semblaient s'oublier dans la vie présente.

Les notions idéalistes, morales, religieuses, sociales, avaient totalement changé.

Profondément imbu de religion et de mysticisme par goût comme par tradition de famille, Lamartine est parti, en touchant à Socrate, de cette supposition, préconçue chez lui, que le sage de la Pythie était presque chrétien par son désintéressement, par son humilité, par ses vertus morales et l'exemple de sa vie : il l'a *christianisé* tout à fait. Cette idée n'était pas neuve; elle date du moyen-âge; toujours est-il que ce n'était pas une raison pour l'accepter. Sa tentative de conciliation entre deux religions si opposées devait échouer et, de fait, il présente au commencement de son poème un Socrate tout platonicien pour le transformer ensuite non seulement en chrétien, mais en précurseur du Christ. L'antithèse est outrée; elle dépare ces belles pages Lamartiniennes.

Après presque un siècle écoulé depuis sa publication, que reste-t-il du poème, sinon un morceau merveilleux de poésie didactique, un essai sincère d'une haute portée morale, capable de réconforter les âmes en des temps où le sens moral s'est vu outragé, où les modernes barbares nous ont conduits à de si mauvais jours ?....

Évidemment, comme philosophie pure, le PHÉDON est supérieur à la MORT DE SOCRATE ; mais on en lira toujours avec bonheur cette reproduction Lamartinienne qui a son charme particulier, et à laquelle on doit appliquer mieux que jamais cette appréciation de Brunetière : « *Les circonstances changent, mais les œuvres demeurent, et c'est pourquoi j'ai la confiance que l'heure viendra, tôt ou tard, pour Lamartine, d'être mis à son rang. Ce rang, il se pourrait bien que ce fût le premier.* »

Le dialogue de Platon n'est pas à sacrifier à

l'harmonie du poëte français ; pas plus qu'il ne serait juste de sacrifier celui-ci à celui-là qui était
poëte aussi. Si l'on a écrit avec raison qu'on se
fatigue des prouesses de la versification, des cise-
leurs à outrance du pittoresque, il faut avouer que
c'est un délice, un rafraîchissement inexprimable
d'avoir à lire des vers jaillis d'une âme comme
d'une source profonde et dont on ne sait dire comment ils sont inspirés.

De ces deux génies divers qui ont attiré notre
attention en histoire littéraire, ce qui ravit dans le
premier, c'est qu'il est plus qu'un poëte, il person-
nifie la poésie toute pure, la plus harmonieuse dont
la France ait à se glorifier ; — le second nous sai-
sit par sa pensée grave et lucide dans une langue
admirablement douée pour parler de philosophie
autant que de lyrisme ; Platon est aussi séduisant
par son argumentation impeccable que par les
mythes gracieux dont il parsème ses écrits. L'un
traduit soudain en *épopée* ce dont l'autre a tracé
avec réflexion les déductions savantes ou la rigoureuse critique. Enfin, pour être vrai, on ne peut
oublier que Lamartine poétise le Socrate de la légende au travers de vingt-quatre siècles, dont dix-
neuf de christianisme. Comment n'eût-il pas altéré
l'image antique du plus vertueux des hommes de
la vieille Grèce ?

APERÇU HISTORIQUE
ET CRITIQUE
SUR LA PHILOSOPHIE ANCIENNE
JUSQU'A LA RENAISSANCE

« Quidquid præcipies, esto brevis, ut cito dicta
Percipiant animi dociles, teneantque fideles. »
. . HORACE.

APERÇU HISTORIQUE
ET CRITIQUE
SUR LA PHILOSOPHIE ANCIENNE
JUSQU'A LA RENAISSANCE

IDÉE GÉNÉRALE ET DIVISIONS

L'histoire de la philosophie a pour objet l'exposition des systèmes[1] et des écoles philosophiques
à travers les siècles. On en a contesté l'utilité et
l'on rencontre à cet égard deux opinions exagé-
rées : l'une de *Descartes*, l'autre de *Cousin*. Dans
le premier les arguments se résument en ceci :
retour sans profit à des rêveries surannées, par

---

[1] Les systèmes abondent en philosophie. On peut logiquement
les classer ainsi :

I° Au point de vue de la connaissance, on distingue les *Empiristes*
qui ne veulent expliquer nos connaissances que par l'expérience, —
les *Rationalistes purs*, qui les expliquent par la raison seule, —
les *Empirico-Rationalistes*, qui emploient le secours des deux méthodes précédentes.

II° Au point de vue métaphysique (problème de l'*être* et de la
substance), on trouve :

1° le *septicisme*, qui comprend dans ses variétés le criticisme, le
positivisme, le phénoménisme ; 2° le *matérialisme*, qui ramène tout
à la matière ; l'*idéalisme*, niant l'objectivité du monde extérieur ;
3° le *panthéisme*, identifiant tous les êtres de la création dans une
substance unique dont ils sont de simples modifications ; 4° le
spiritualisme, irréductible dualisme de la substance matérielle et
de la substance spirituelle.

conséquent satisfaction de vaine curiosité, — cette étude peut même entraîner une perpétuelle tentation de scepticisme. Pour le second, il suffirait de substituer à la philosophie elle-même sa simple histoire, parce que toute vérité, ayant été déjà méditée, élaborée, transformée, impose seulement la tâche d'en rassembler les éléments épars.

Or, on ne peut admettre cet éclectisme érigé en parti pris : — 1° ce serait supprimer la réflexion individuelle, en faisant de la philosophie une science de pure érudition, — 2° la vérité étant infinie comme Dieu, il lui reste toujours humainement des progrès à réaliser, — 3° sans la connaissance approfondie de la philosophie elle-même qu'elle présuppose, où seraient le sens et l'intérêt de la critique de l'histoire de la philosophie ?

Celle-ci est donc éminemment utile à celle-là puisqu'elle synthétise l'acquis du passé, met en évidence le vrai et le faux, frappe sans pitié les hypothèses, même celles du génie. Elle donne aussi naissance à des problèmes encore incertains ou inconnus, comme aux moyens de les résoudre ; elle est l'âme de l'histoire générale des peuples, car les idées mènent le monde ; enfin, en démontrant les erreurs qui résultent des mauvaises méthodes, elle tempère l'esprit systématique et les présomptions de la pensée[1].

On ne traite pas, en philosophie classique, des doctrines de l'Égypte, de la Perse, de l'Inde, ni de celles de la Chine. Son domaine constitue, à lui seul, la plus vaste époque en savoir humain comme

[1] On peut distinguer trois époques dans l'histoire générale de la philosophie : 1° l'ANTIQUITÉ (des origines à la Novelle de Justinien de l'an 529) ; — 2° le MOYEN-AGE (du IXe au XVIe) ; — 3° de la RENAISSANCE JUSQU'A NOS JOURS. La première période revêt un caractère métaphysique et moral ; la deuxième, logique et théologique ; la dernière présente surtout un caractère scientifique et social.

importance intellectuelle et, dans le temps, il occupa un espace de plus de douze siècles, ainsi réparti :

I° **Philosophie anté-socratique**, de l'an 650 à 420 avant J.-C., dont le caractère est d'être *cosmologique*, c'est-à-dire une philosophie de la nature ;

II° **Philosophie socratique**, soit de Socrate à la mort d'Aristote (420 à 322 avant J.-C.), qui est *métaphysique* et *morale* ;

III° **Période post-aristotélique** se prolongeant jusqu'à la suppression des écoles philosophiques et à la fermeture de l'école d'Athènes par Justinien en 529, période caractérisée par une tendance *nettement morale* ayant pour but la recherche du souverain bien. — Examinons sommairement ces trois points.

CHAPITRE Ier

PHILOSOPHIE ANTE-SOCRATIQUE

Dès l'origine les philosophes cherchent à découvrir la nature du monde : c'est l'étude de la *cosmogonie*. Dans leurs diverses propositions, on trouve nombre de doctrines qui, plus tard, se transforment en systèmes organisés. Avant Socrate se manifestent deux tendances auxquelles aboutissent deux genres d'écoles : 1° les écoles matérialistes ou atomistiques ou naturalistes ; 2° les écoles idéalistes ; 3° la Sophistique.

SECTION Ire

Ecoles matérialistes ou naturalistes.

Parmi elles on compte l'*Ecole dynamique d'Ionie* et l'*Ecole atomistique d'Abdère*.

1° Dans l'*Ecole dynamique* la source des choses remonte à un principe matériel unique, force élémentaire dont le développement et les transformations ont produit tous les êtres. Elle a eu pour interprètes THALÈS (639 ans avant J.-C.) dont les connaissances géométriques et astronomiques ont laissé des traces, — son disciple ANAXIMANDRE qui pose comme principe supérieur l'atmosphère infinie, — ANAXIMÈNE qui indique l'air comme élément primordial de la connaissance et de l'activité de l'âme, — HÉRACLITE, le plus remarquable des philosophes Ioniens, pour qui le feu est le principe de tout, apothéose du *devenir* : « tout change, rien n'est, tout devient. »

2° Quant à l'*Ecole atomistique d'Abdère*, son caractère est le matérialisme mécanique : tout n'est qu'atomes matériels se combinant entre eux d'après les lois du mouvement, mais cependant elle admet que l'âme est composée d'atomes plus subtils. LEUCIPPE et DÉMOCRITE en sont les principaux adeptes, auxquels on peut, par certains côtés, rattacher ANAXAGORE (500-428 avant J.-C.), fondateur en 475 d'une école à Athènes, et qui l'emporte sur ses devanciers en proclamant l'existence d'une intelligence ordonnatrice du monde : par là, il ouvre la voie à Socrate. Il y a deux points à retenir dans la philosophie d'Anaxagore : explication mécanique du monde (chaque chose se compose d'une infinité de parties similaires, ou *homœoméries*, qui s'agrègent les unes aux autres par suite de leur similarité), — mais, si une intelligence supérieure et indépendante n'avait apporté un mouvement raisonné dans le chaos des éléments, tout resterait confondu dans un immobile chaos. Ce maître de Périclès et d'Euripide cultivait aussi avec succès l'astronomie et sut prédire les éclipses.

SECTION II

Ecoles idéalistes.

A l'inverse des matérialistes, le caractère général des *écoles idéalistes* est de chercher au-dessus du monde sensible un principe qui l'explique.

1° C'est le *nombre* pour l'école idéaliste ou italique de Pythagore : les choses ne sont que des nombres devenus sensibles et tout s'explique mathématiquement. La doctrine pythagoricienne se rapproche de la *cosmologie* de Descartes. — Les principaux philosophes de cette école sont, avec PYTHAGORE (590 avant J.-C.), TIMÉE de Locres (Ve siècle avant J.-C.), ARCHYTAS de Tarente (440-360 avant J.-C.), PHILOLAÜS de Crotone (450 avant J.-C.) et LYSIS (vers 400 avant J.-C.).

2° Pour l'*école métaphysique ou idéaliste d'Élée*, c'est une conception *à priori* d'une réalité *une* (τό ἔν) et *immuable*, plénitude et perfection de l'être qui enferme en soi tout ce qui est. Ce qu'on nomme mouvement, changement, transformation n'est donc que pure apparence : en réalité, il n'y a ni *devenir* ni *mourir*, et seul existe l'*être immuable, infini, éternel*. Si opposée au naturalisme et au matérialisme des écoles d'Abdère et d'Ionie, cette doctrine n'est ni plus ni moins qu'un *panthéisme idéaliste*, dont on devra rapprocher le panthéisme de *Spinoza*. Les principaux Éléates sont XÉNOPHANE, philosophe et poète, fondateur de ce panthéisme (VIe siècle avant J.-C.), PARMÉNIDE (florissait vers 504 avant J.-C.), MÉLISSE, moins connu, ZÉNON d'Élée (né vers l'an 503 avant J.-C.), ardent partisan de l'unité absolue et resté célèbre par ses arguments contre la réalité du mouvement.

En résumé, deux grands groupes : *École des Naturalistes, École des Idéalistes*. La doctrine des Éléates était l'antithèse de celle d'Héraclite dont l'essence est que tout change, tout devient (πάντα ῥεῖ[1]) ; l'être, la permanence n'est qu'illusion. Le philosophe poète d'Agrigente, EMPÉDOCLE (milieu du Ve siècle avant J.-C.), essaya de concilier Héraclite avec Parménide : il reconnaît quatre élé-

---

[1] Conf. la doctrine d'Héraclite avec celle de Hégel.

ments et deux causes ; un principe supérieur d'*attraction* et de *répulsion* (φιλία καὶ νεῖκος) agrège ou désagrège ces éléments qui sont l'eau, l'air, le feu, la terre. — Les philosophes d'Ionie avaient tenté de tout expliquer par un principe *matériel* unique ; les **Atomistes**, par une multitude *d'éléments matériels* ; les **Éléates**, par la *pensée* ; les **Pythagoriciens**, par le *nombre*. Mais, au-dessus de tous ces philosophes, plane ANAXAGORE, auteur d'une véritable révolution quand il vint affirmer qu'une *Intelligence* a tout ordonné.

3° Du conflit de ces doctrines naquit un mélange subtil de faux principes et d'apparences de vérités : la **Sophistique**. Au début, les sophistes étaient des professeurs de sagesse recommandables par leur dignité et leur savoir ; plus tard, la probité littéraire leur fit défaut : leur peu de souci du vrai et leur âpreté au gain amenèrent leur déconsidération. Athènes était principalement leur théâtre de combat mutuel. Les plus en vue de ces champions du vrai comme du faux sont à cette époque GORGIAS, orateur sophiste de Leontium qui florissait vers 440 avant J.-C., et PROTAGORAS, sophiste disciple de Démocrite, né à Abdère en 488 et mort en 420 avant J.-C.

CHAPITRE II

PHILOSOPHIE SOCRATIQUE

Dans l'ordre philosophique la révolution socratique vise trois points : une *méthode*, un *objet* déterminé et un *but* éminemment pratique.

La méthode établie par Socrate consiste dans *l'observation de soi-même* et *l'analyse des concepts* avec réfutation du scepticisme des sophistes. Son objectif est la *nature humaine*, mais non pas les questions physiques. Quant au but qu'il se propose, c'est le règlement de la vie morale et sociale.

Avec Socrate, la philosophie prend d'abord un caractère psychologique et principalement moral. Fidèles à cette direction du maître, ses successeurs immédiats font de l'étude de l'homme et de ses attributs intellectuels l'*objet* essentiel de leur philosophie, sans les empêcher de s'élever bientôt aux plus hautes spéculations de la métaphysique.

Les grands socratiques, outre Socrate qui est le chef d'école, sont Platon et Aristote. En Platon on trouve le vrai continuateur de Socrate. Parmi les autres disciples, il en est qu'il convient de citer, mais qui sont plus ou moins réfractaires à la pure doctrine socratique et désignés pour cette raison sous la qualification de *demi-socratiques*, tels que Aristippe, fondateur de l'école Cyrénaïque, Antisthène, de l'école Cynique, Euclide, de l'école Mégarique ou Éristique.

Examinons la philosophie des grands socratiques. Commençons par le maître lui-même.

SECTION Ire.

SOCRATE

(469-399 avant J.-C. ou Olympiade 95, 2)[1].

Son éloge a été poétiquement donné par Cicéron : « *Socrate a fait descendre la philosophie
du ciel sur la terre* ». Délaissant les hypothèses
cosmologiques de ses devanciers, dont les vaines
spéculations l'avaient profondément déçu, même
celles d'Anaxagore, il déclare que *l'objet* des recherches philosophiques doit être exclusivement
le l'νῶτι σεχυτόν qu'il avait lu sur le fronton du
temple de Delphes. Mais on doit noter que, dans
cette connaissance de soi-même, il dédaigne les
questions purement spéculatives : pour lui le *but*
de la philosophie est le perfectionnement moral
de l'homme. Voilà pourquoi il n'a point traité des
sciences de la nature, inutiles pour la direction de
la vie. Sa doctrine a donc un caractère entièrement
psychologique et moral, et encore la psychologie
n'est-elle qu'une introduction à la morale[2].

I° Comme MÉTHODE, il emploie la méthode *ré-
flexive*, c'est-à-dire l'examen attentif des attributs
intellectuels et moraux de l'être humain. Elle
comprend deux sortes de procédés : les uns en
forment le fond logique et consistent dans l'analyse des concepts ; les autres en sont comme l'en-
veloppe extérieure, le mode d'enseignement personnel de Socrate et constituent ses deux armes

[1] La première Olympiade correspond à l'an 776 avant J.-C.
Au contraire le *Cogito ergo sum* de Descartes est un fait psychologique qui n'a pas de portée morale pour le philosophe français, mais devient la base de toute la métaphysique Cartésienne.

préférées qui sont l'ironie et la maïeutique. Il importe de définir ces procédés.

1° ANALYSE DES CONCEPTS. — Socrate a su déterminer l'objet de la science. Cet objet est mobile, incertain, changeant dans le temps et dans l'espace, quand il s'agit de l'*individu*. Il faut donc prendre un élément stable, invariable, qui est le *concept* et, dès lors, la formation de ces concepts doit être l'opération initiale de la science. Or, l'*induction* ou *dialectique* et la *définition* sont les deux chemins qui aboutissent à cette formation essentielle. Par l'analyse comparative des cas particuliers, par la connaissance acquise de tous les caractères constants et communs dont le concept est la représentation, l'*induction* amène naturellement la synthèse de cet ensemble. La *définition* suit logiquement l'induction, dont elle formule avec précision le résultat. « *On ne* SAIT *vraiment*, disait Socrate, *que si l'on est en état de définir.* » Telle est l'induction socratique, dont le rôle est de *généraliser*, d'aboutir à une *idée générale*, tandis que l'induction des modernes est un moyen de déterminer une *loi*. Grâce à sa méthode analytique, le philosophe arrivait à substituer des concepts bien déterminés aux idées confuses des sophistes.

2° IRONIE ET MAÏEUTIQUE. — Selon qu'il avait en vue d'instruire un disciple ou de confondre un adversaire, Socrate raisonnait avec originalité : — par sa manie d'ἐρωτᾶν (interrogation), sous l'apparence d'une feinte ignorance, il amenait son contradicteur à se mettre en contradiction avec lui-même et, une fois ce résultat obtenu, il attaquait par sa seconde arme, l'art de l'accoucheur (ἡ τέχνη μαιευτική), et arrivait ainsi à découvrir la vérité.

Cette maïeutique socratique a été le germe de la *réminiscence* et de la *dialectique* platonicienne.

II° Comme **Doctrine**, sa philosophie est essentiellement pratique. Elle a donc pour point de départ la *psychologie* ; mais le centre, l'âme, en sont la *morale*, qu'il ne considère pas toutefois comme une science indépendante : les lois qu'elle impose sont d'essence divine et, pour cette raison, elle implique nécessairement l'étude de la *théodicée*.

Voyons ces divers points.

1° **Psychologie**. — L'âme est immatérielle et se distingue du corps. Son activité est servie par deux facultés : les *sens* et la *raison* ; celle-ci, qui doit être dominante, s'élève aux concepts immuables et généraux dont ceux-là ont perçu les éléments variables et individuels. Nos actes sont le résultat de nos pensées ; par conséquent pas de volonté libre et l'on ne commet point le mal volontairement, parce que toute faute provient d'une erreur : or toute erreur a pour cause l'ignorance. Plus de vingt siècles après Socrate, on voit un Cartésien français, Malebranche, consacrer ses efforts à l'analyse des erreurs et à la recherche de la vérité.

2° **Morale socratique**. — La philosophie morale a Socrate pour fondateur. Sceptique en cosmologie, il cesse de l'être quand il s'agit de morale. Bien au contraire il estime que, s'il existe dans l'univers quelque chose qui peut être et doit être connu à fond, c'est *l'homme :* quel est le but et le sens de la vie, quel est le souverain bien de l'âme ? Brièvement et clairement cette morale se caractérise à la fois comme *intellectualiste* et *optimiste*. Rien de mieux intellectualiste que la proposition du philosophe : « *de l'identité entre la connaissance vraie et la volonté droite, il découle que la vertu est une science ; connaître le bien et le pratiquer, c'est tout un.* » Cette connaissance du bien suffit à provoquer sa réalisation ; elle exerce sur nous une fascination irrésistible. De là l'adage célèbre que « *Nul n'est méchant volontairement* ». La morale de Socrate est *optimiste :* non seulement pour lui il y a identité entre le vrai et le bien, mais aussi entre le bien et le bonheur. Science, vertu, bonheur, trinité sublime. Tout cet optimisme est soutenu par la croyance en la *Providence.* Les lois du monde physique sont elles-mêmes subordonnées par l'intelligence divine aux nécessités morales en vue de notre bonheur humain. Par là, Socrate se rapproche des métaphysiciens les plus grands dont la philosophie s'honore : sans nier le mal, ils ont cependant compris que Dieu sait tirer le bien du mal. Enfin la *sagesse,* science de la vertu, ou plutôt la vertu elle-même, produit intuitivement les vertus *individuelles,* comme le courage et la tempérance, les vertus *sociales* comme la justice et la bienfaisance, et la vertu *religieuse,* telle que la piété.

Il reconnaît également qu'il y a des *lois écrites* et des *lois non écrites.* Les unes proviennent de l'autorité variable des hommes, les autres sont immuables et universelles, parce qu'elles ont leur source dans l'autorité suprême du Créateur. De même que la vertu, la politique est une science, celle du juste et de l'utilité générale, et il déclare que le gouvernement le meilleur est celui des hommes vertueux, c'est-à-dire, pour lui, celui des citoyens les plus savants. Ce qui fera dire à Montesquieu : « la République est le gouvernement de la vertu. »

3° THÉODICÉE DE SOCRATE. — Pour lui, le principe supérieur de la Morale tout entière, c'est Dieu, dont la voix se fait entendre dans la conscience de l'homme, dans ce *moi* intérieur qui lui parle, l'inspire, le dirige. Les preuves qu'il donne de son existence sont l'argument des causes finales, — l'existence de l'intelligence dans l'homme, —

l'existence des lois non écrites. Conclusion : *Pro-videnve* et *prière*.

4° DESTINÉE DE LA PHILOSOPHIE SOCRATIQUE. — L'in-fluence de Socrate s'est-elle prolongée jusqu'à la philosophie moderne? Avant lui, la philosophie naturaliste et matérialiste s'était perdue dans de vaines recherches ; il eut la gloire de la ramener à sa voie légitime. Aussi son influence devait-elle être profonde autant que durable.

Dans l'antiquité grecque et latine, son autorité fut assez puissante pour imposer sa direction à tous les penseurs, à ses contemporains comme à ses successeurs les plus éloignés. Bien qu'elle se soit élevée avec Platon, puis avec Aristote, aux plus hauts sommets de la métaphysique, toute la philo-sophie antique a suivi les traces socratiques, sur-tout en philosophie morale. Un siècle après la mort de Socrate, les Épicuriens et les Stoïciens professent que la morale est *tout*, qu'elle domine tout le reste. Pyrrhon († 288 avant J.-C.) lui-même n'est sceptique qu'en vue d'atteindre le même idéal que les précédents, soit la tranquillité du sage.

Même influence, mais surtout Aristotélique, au moyen-âge, sur les points que la foi religieuse n'a pas résolus.

En philosophie moderne elle s'exerce encore d'une façon sensible d'abord indirectement par Platon, Aristote et les Stoïciens, tous inspirateurs de la plupart des philosophes classiques, — en-suite par l'orientation morale de nombre de philo-sophes modernes comme Spinoza et Kant, — enfin, par l'intermédiaire de Kant, cette influence socra-tique a pénétré jusque dans les conceptions con-temporaines, telles que celles de Ravaisson, de Fouillée, de Lachelier, de William James et autres.

Socrate avait eu des amis et des disciples fer-

vents, mais il n'avait jamais tenu École. Il avait
préféré avec insistance que ses auditeurs conser-
vassent, dans leurs rapports soit entre eux, soit
avec lui-même, la plus entière liberté. Contraire-
ment à cette coutume socratique, on va voir Platon, après son retour à Athènes à la xcviii° Olympiade (388 avant J.-C.), instituer une véritable
académie.

Section II

PLATON

(Né le 7 du mois Thargélion, Oly. lxxxvii, 3, qui correspond
au 21 mai de l'an 429 avant J.-C., et † la première année de la
cxviii° Ol. 348 avant J.-C.).

Parcourons les grandes lignes de sa doctrine :
Théorie des idées dialectiques, — Théodicée, —
Psychologie, — Morale et Politique.

Mais, avant tout, il n'est pas sans utilité de
connaître les sources où s'est formé ce grand esprit. Issu d'une famille illustre, il prit le goût
de ses sévères études au logis paternel, puis il
s'attacha à Socrate qu'il fréquenta assidument
pendant dix ans et en subit l'influence ineffaçable,
tout en gardant quelque empreinte de la philosophie des écoles antérieures.

En une synthèse aussi puissante qu'originale, il a
essayé de concilier la doctrine morale et la méthode
logique du maître avec les doctrines ioniennes,
Éléatiques et Pythagoriciennes dans ce qu'elles
contiennent de meilleur. À *Héraclite* il a emprunté
la notion de l'écoulement des choses (le monde
sensible se compose d'apparences instables,
fuyantes, subissant toutes sortes d'influences);
— à *Pythagore*, l'hypothèse de l'âme du monde,
la transmigration des âmes, une part de sa théorie des idées, qui vient de celle des nombres ; —

aux *Éléates* il a pris son idéalisme et sa conception des réalités intelligibles, et il déclare que le monde sensible ne peut s'expliquer par soi et que le multiple comme le changeant supposent une réalité immuable dans son essence.

1° THÉORIE DES IDÉES. — Fond et centre de la philosophie platonicienne, elle est essentielle pour la compréhension de l'une de ses parties quelle qu'elle soit. La connaissance sensible est la première que nous ayons, mais la sensation ne peut constituer la science du vrai, dont l'objet doit être immuable et ceci réside dans les *Idées*. Celles-ci ne sont point de simples concepts, mais des réalités intelligibles, *idées-types* qu'il faut se garder de confondre avec les réalités véritables : on peut rappeler ici le « *Decepimur specie recti* » d'Horace.

Ces idées-types sont à la fois les *principes des choses* et les *principes de nos connaissances* ; elles forment une *hiérarchie*.

1° IDÉES PRINCIPES DES CHOSES. — Préexistantes aux individus, ces réalités suprêmes constituent les causes *exemplaires* de tout ce qui existe. Tout être n'a de réalité que par sa *participation* aux idées que l'on se fait de son type modèle, et l'on mesure sa valeur suivant qu'il représente ce type plus ou moins fidèlement. Comment se forme cette participation ? Platon ne l'explique nulle part.

2° IDÉES PRINCIPES DE LA CONNAISSANCE. — On ne connaît une chose que si l'on peut la contempler dans son principe idéal. La science provient des idées ; elle n'est possible que par elles et ce n'est qu'une réminiscence : Platon suppose que les idées ont été connues par nous dans une vie antérieure qui nous en a laissé leur image plus ou moins nette.

3° **Hiérarchie des idées.** — Elle correspond à la hiérarchie des apparences sensibles de ce monde. Au sommet brille l'Idée suprême et finale, principe moteur de l'âme, splendeur du rêve intellectuel parfait : l'*Idée du Bien*, le Dieu de Platon.

Pour arriver à la connaissance des Idées, le génial philosophe suit sa *méthode dialectique* qui consiste dans une marche ascendante de l'esprit allant de la connaissance des simples apparences sensibles à celle des réalités supérieures. Cette ascension dialectique comporte des degrés : la *conjecture*, dont l'objet est l'image *sensible* seule et la *croyance* qui attribue l'image à l'objet. Ces deux degrés appartiennent à la connaissance du *monde sensible*, tandis que celle du *monde intelligible* comprend le raisonnement, vérités déduites de certaines hypothèses ou de certains principes, — et l'intuition rationnelle, vérités éternelles à la cime desquelles apparaît l'Idée du Bien.

Le raisonnement et l'intuition sont les deux degrés de la science. Par la νόησις (intuition rationnelle) l'esprit perçoit directement les idées : pour en rendre compte Platon suppose ici une vie antérieure où l'âme a contemplé les idées, qu'elle a ensuite oubliées au moment de son incarcération dans le corps humain, mais idées restées en elle-mêmes avec plus ou moins de précision. A l'occasion de nos perceptions *sensibles*, un souvenir rétrospectif revient à l'âme confusément, mais cette confusion disparaît sous l'influence des degrés parcourus, précédemment indiqués : la dialectique aboutit à une réminiscence.

II° **Théodicée.** — D'après Platon on ne démontre pas l'existence de Dieu : comme le soleil, on le contemple et c'est par la dialectique qu'est possible une telle contemplation, dialectique des pensées unie à celle des sentiments de l'âme. Mais si l'idée de Dieu ne se démontre pas, l'*argument du premier moteur* et celui des *causes finales* suffisent du moins à prouver qu'une *Intelligence supérieure* (πνεῦμα ἄριστος), qui a tout disposé pour le bien, est l'âme du monde, organisé et gouverné par elle.

III° **Psychologie.** — Pour les *facultés de l'âme*, Platon n'est pas assez précis. Il distingue trois fonctions distinctes dans l'âme : l'ἐπιθυμία, partie concupiscible de l'âme, *appétit physique*, qui est le principe des actions basses et de l'amour terrestre des biens apparents et dont la puissance de connaître ne dépasse point la simple conjecture ; — le θυμός, *âme moyenne* qui réside dans le cœur, c'est le courage, principe essentiellement noble incitant l'homme aux sentiments élevés et dont la connaissance arrive jusqu'à l'opinion ; — le νοῦς ou raison, *âme supérieure*, qui réside dans le cerveau et qui a le suprême attribut de pouvoir s'élever à la contemplation des *Idées*, par conséquent jusqu'à l'amour des seuls biens réels, de la souveraine beauté.

Quant à l'*âme et au corps*, la doctrine platonicienne admet nettement la spiritualité de l'âme distincte d'avec le corps. Avant de lui être unie, rivée à ce quelque chose de matériel, l'âme vivait d'une existence purement spirituelle dans la contemplation des *Idées* éternelles et, toute emprisonnée qu'elle soit dans le corps, elle peut ressaisir son essence spiritualiste et *se souvenir*. Si elle est engagée dans les liens de la matière, c'est en expiation de certaines fautes. Ce corps-matière est pour elle un amoindrissement inévitable, un empêchement douloureux à la claire vision des Idées et, d'autre part, comme elle ne subit cette accoin-

tance corporelle que d'une façon accidentelle et
temporaire, elle fait ses efforts pour s'en affranchir et réaliser ses aspirations vers les réalités
éternelles.

L'AME ET L'IMMORTALITÉ DE L'AME. — « Ayant
préexisté au corps, l'âme doit lui survivre, dit
Platon ; elle n'a pas commencé, elle ne doit pas
finir ; elle n'est pas seulement immortelle, elle est
éternelle ». Le νοῦς est éternel comme les *Idées*
elles-mêmes, mais il y a cependant dans l'âme
quelque chose de périssable qui est le désir physique. L'incontestable principe du philosophe est
donc qu'il existe en chacun de nous une **âme universelle**, *préexistante* au corps, *impérissable* ; mais
il est moins affirmatif quand il s'agit d'établir la
survivance et l'immortalité des *âmes individuelles*,
émanations de l'âme universelle. Toutefois, spécialement dans le Phédon, il cherche à démontrer
l'immortalité personnelle ; il y développe un bon
nombre d'arguments[1] : — Nature de la vertu, — la
science, — la génération des contraires, — la nature éternelle de la vérité, — la réminiscence, —
l'activité indestructible de l'âme, — l'essence de
l'âme, qui est la vie, — la sanction morale, mais
ici son raisonnement est entaché de métempsycose.
Au fur et à mesure des raisons qu'il a exposées, il
a bien senti qu'elles n'ont pas toutes la même valeur en faveur de *l'immortalité personnelle*, et cette
sensation apparaît avec tant d'évidence que lui-
même, dans sa probité de métaphysicien, considère l'immortalité comme un beau risque à courir,
ajoutant qu'il serait à désirer qu'on pût s'en laisser
séduire et comme enchanter (ὁ γὰρ κίνδυνος καλός, καὶ
ἡ γε ὥσπερ ἐπάδειν ἑαυτῷ τὰ τοιαῦτα). En deux passages
il répète cette même pensée d'incertitude.

[1] Voir page 29 à 44 de ce volume.

— 91 —

Sur cette grave question de l'âme, c'est le PHÉDON qui condense toute l'argumentation de Platon et l'on peut affirmer, textes en mains, que tout le platonisme est dans ce dialogue célèbre. Dans un aperçu succinct comme celui-ci sur la philosophie ancienne en général, c'est à peine si l'on peut faire ressortir substantiellement les traits du Phédon qu'on ne saurait se dispenser de reproduire ici pour l'intelligence du drame Socratique. Voici ces traits indispensables :

Tel qu'il nous apparaît d'abord, le monde est soumis à une grande loi, celle des *contraires*. D'après elle, rien ne peut être ni créé ni détruit. Ce qui est maintenant n'est qu'une transformation de ce qui était auparavant. Ainsi, rien n'est qui ne vienne de son contraire. Mais, le monde ainsi conçu n'est encore qu'un monde tout phénoménal et apparent. Si l'on veut arriver à la réalité même, il faut voir, derrière les apparences, des principes *non sensibles*, des idées éternelles et absolues par essence, pouvant seules donner par leur participation *l'être* aux choses qui tombent sous nos sens. — La première loi du monde intelligible, du monde des Idées, c'est le principe de *contradiction*. Ce principe est la règle nécessaire non seulement de toute opération logique, mais de toute communication, de toute participation des choses avec les Idées. Dans le raisonnement les propositions contradictoires s'excluent ; dans les objets du monde sensible, les Idées contradictoires ne peuvent coexister. — Mais le principe de contradiction n'est pas la seule loi du monde intelligible ; il n'en est même que la loi inférieure. — Au-dessus, se rencontre une loi plus importante, celle que Platon nomme le *Principe du mieux*. Rien n'existe qui ne soit contradictoire, mais de plus, rien n'existe qui ne soit *pour le mieux*. La loi de la perfection

est aussi la raison de l'existence ; l'être n'existe
qu'en tant qu'il réalise quelque perfection. C'est
ainsi que la morale vient compléter la métaphysique en l'assurant sur un fondement inébranlable.
On a dit souvent que l'*Idéalisme* est la doctrine
de Platon. Soit ! mais il faut savoir que ce n'est
pas un idéalisme abstrait, logique, mais un idéalisme avant tout moral. — Reste à connaître quelle
est la place qui appartient à l'âme dans une telle
métaphysique.

La première fonction de l'âme est de connaître
les *Idées*. Le comment de la connaissance est un
grand mystère : mais, ce qui est sûr, c'est que la
connaissance ne peut pas se concevoir sans une
certaine affinité entre le sujet qui connaît et l'objet connu. Il faut donc, puisque l'âme connaît les
Idées, qu'elle ait dans sa nature quelque chose de
commun avec la nature des Idées. Les Idées sont
simples par essence, l'essence de l'âme doit donc
être aussi la simplicité.

Il ne faut rien exagérer pourtant. L'âme connaît
les Idées, elle leur ressemble. On ne peut pas dire
pourtant qu'elle soit une Idée. Sa nature est d'être
une force, une force qui ne comporte ni division
ni degrés, une force, qui, par son unité même,
peut devenir un principe d'harmonie. Si maintenant nous considérons cette force non plus en
elle-même, mais par rapport au corps, nous trou-
vons que son office est de commander, tandis que
l'office du corps est d'obéir.

L'âme est dans le temps. Ici nous avons à considérer le passé et l'avenir. Tout, dans les principes que nous avons posés, s'oppose à ce que l'on
puisse donner à l'âme une origine dans le temps.
Au reste, nous pouvons avoir une certaine notion
de la vie antérieure de l'âme. Quand on analyse le
phénomène de la connaissance, on reconnaît bien

vite qu'il est inintelligible sans une *réminiscence* d'une application directe de l'âme aux Idées. Et cette seule observation suffirait pour nous apporter l'assurance qu'il y a une vie possible de l'âme en dehors de la vie présente, et nous sommes de la sorte conduits à entrevoir déjà la doctrine antique de la *métempsycose*.

Jusqu'ici, nous n'avons parlé que de la connaissance, de la science, nous n'avons rien dit de la *morale*. C'est que, pour Platon, il n'y a pas entre ces deux choses d'opposition ni même presque de distinction. Pour Platon comme pour Socrate, la science et la vertu ne sont au fond qu'un seul et même acte de l'âme, considéré à des points de vue différents.

Il est à peine besoin d'indiquer ce que peut être dans une telle doctrine la destinée de l'âme après la mort. La doctrine de l'immortalité est si bien liée à tout ce qui précède qu'elle semble presque une conséquence de tous les principes du Platonisme sans exception. Quand on voit l'Immortalité donnée comme la condition nécessaire d'une expiation suprême, on est déjà convaincu.

Telle est dans son ensemble la doctrine du PHÉDON.

LA MATIÈRE. — Voici le résumé substantiel de la doctrine du maître : puisque l'*Idée* est la seule réalité, il n'y a que *néant* (τὸ μὴ ὄν) en dehors d'elle ; mais, comme réalité par excellence, c'est aussi la suprême activité, l'*être* (τὸ ὄν) qui se communique au néant et, par conséquent, vis-à-vis du néant, l'*Idée* devient principe plastique, cause créatrice, si bien que le τὸ μὴ ὄν se transforme en τὸ ὄν et participe à l'existence absolue de l'Idée. Le néant devient ainsi la matière première que met en œuvre l'Idée pour en façonner le monde sensible ; la

matière *n'est pas le corps*, mais bien ce qui peut le
devenir par l'action plastique de l'Idée ; indépen-
damment des formes que lui donne l'Idée, la matière est le τὸ ἄπειρον, c'est-à-dire l'informe, l'in-
déterminé, le récipient universel ; elle va jusqu'à
se confondre avec le pur espace qui, selon Platon,
« est aussi incréé qu'éternel. » — Toutefois, de
même que la *matière éternelle* est *l'essentiel* auxi-
liaire de l'Idée créatrice, de même elle en est, par
contre, l'éternelle entrave informe, illimitée : elle
est virtuellement opposée à toute forme : *néant*,
négation du τὸ ὄν, c'est-à-dire du bien, elle résiste
au bien, et s'efforce perpétuellement à l'entraver,
à le détruire. Il en résulte, d'une part, qu'elle est
la cause première de l'imperfection des choses, du
mal physique et moral, et, d'autre part, de leur
instabilité, de leur état précaire, de leur caractère
mortel.

IV° MORALE. — Dans Platon, le *souverain bien*
pour l'homme consiste à mettre son âme en harmonie conforme à l'Idée du Bien, à imiter Dieu.
C'est le moyen d'être heureux : liés l'un à l'autre
par « une chaîne de fer et de diamant », le bonheur
et la vertu sont inséparables. A part la souffrance
physique, le sage est plus heureux, même au milieu
des tortures, que le tyran prospère.

Comme Socrate, Platon affirme que la *vertu* est
la science du *Bien* ; le vice, erreur ou ignorance.
Personne n'est volontairement méchant. Toute vie
morale consiste à s'isoler de la matérialité des
sens et à développer sa *raison* : quand toutes
autres facultés sont dominées par le νοῦς, l'homme
se rapproche du divin et fait régner l'*ordre* et la
justice aussi bien dans sa vie individuelle que dans
l'exitence sociale. La justice est la vertu fonda-
mentale, la mère des vertus particulières à cha-

cune des trois âmes, dont elle réalise l'harmonie et l'unité morale : ainsi la *Sagesse* est la justice de l'esprit, — le *Courage*, celle du cœur, — la *Tempérance*, celle des sens, — la *Piété*, celle de nos rapports avec la divinité.

V° **Politique.** — *L'éducation* est indispensable à l'homme pour parvenir à la justice et, par elle, à ressembler au divin. Isolé, l'homme ne saurait prétendre à cette ressemblance. But final des choses, la justice ne peut se réaliser que dans la collectivité ou *État.* Pour Platon comme pour Socrate, la morale ne s'envisage point séparée de la politique.

État idéal dans Platon. — Comme l'individu, l'État comprend trois éléments ou classes : les *Philosophes* formant l'intelligence et la tête de l'État, — les *Guerriers*, le cœur de l'État, classe militante, — l'ensemble des *artisans, agriculteurs, esclaves*, classe servante correspondant à l'âme sensuelle. Chacune de ces classes doit avoir sa vertu propre : la première, la *Sagesse,* — la deuxième, le *Courage*, — la troisième, l'*obéissance* aux deux classes supérieures pensant et combattant pour elle. Or, la politique a pour rôle d'amener l'harmonie entre ces classes sociales. A cet effet, les intérêts particuliers doivent se plier aux exigences d'unité et d'intérêt général à tel point que l'État absorbe l'individualité, la famille, la propriété. Telle se comporte la cité idéale dans l'île Atlantide rêvée par Platon ; mais il ne se dissimule pas qu'elle ne peut rester indéfiniment en sa perfection. On assiste à sa décadence et la philosophie en suit toutes les phases : *timocratie*, gouvernement militaire, puis *démocratie*, pouvoir de la multitude où, sans règles ni lois, l'âme des citoyens glisse sur la pente de tous les désordres de l'*anarchie*. Inévitablement alors la *tyrannie* suc-cède, suprême abaissement.

Toute cette partie de Platon est traitée dans la *Politique*, où il en détermine l'objet et définit la politique « *science du gouvernement par la per-suasion* » ; — dans les livres VI et VII de la *Répu-blique*, où il trace le tableau de l'*État parfait*, c'est-à-dire tel qu'il devrait exister si les citoyens pouvaient être débarrassés de tout préjugé et de toute coutume ; — enfin dans les *Lois*, où il étudie les meilleures conditions au moyen desquelles il serait pratiquement possible en Crète de fonder une colonie grecque, commentaire et reproduc-tion embellie des législations de Minos pour les Crétois et de Lycurgue pour Lacédémone.

VI° CONCLUSION GÉNÉRALE SUR L'ŒUVRE DE PLATON. — A travers tous les temps, elle a été justement ad-mirée, étudiée, reproduite. N'a-t-elle pas en effet d'incontestables mérites ? Le grand philosophe a supérieurement distingué la *science* de l'*opinion*, le monde des choses en soi immuables, éternelles, d'avec celui des apparences contingentes et va-riables. Comme objet suprême de l'amour et de l'intelligence de l'homme, il lui a désigné le *Bien* souverain, le *Bien* par excellence qui est Dieu. Comme politique, il a proclamé des principes su-périeurs de gouvernement honnête, et, à une po-litique d'expédients, il a substitué un idéal de justice sociale.

Sa doctrine a été enseignée et conservée par l'Ecole ou *Académie* qu'il avait fondée entre les années 388 à 367 avant J.-C., et dans les régle-ments de laquelle il avait fait passer quelque chose de la sévérité pythagoricienne, sans que pourtant on puisse prétendre que cette école platonicienne ait été une imitation des instituts pythagoriques. L'enseignement, comme celui de Socrate, était gratuit ; les leçons étaient publiques ; elles avaient lieu dans le gymnase de l'Académie[1] ; l'auditoire était nombreux et Platon parlait ordinairement en se promenant, habitude que maintiendra Aristote. Bientôt s'introduisit l'usage de réserver les questions les plus ardues pour les développer devant des disciples choisis parmi les plus instruits et les plus zélés qui recueillaient pieusement presque mot pour mot les savantes leçons du maître[2].

Celui-ci ne voulait pas seulement exposer des vérités acquises, mais il tenait essentiellement à pratiquer une méthode, et une méthode d'invention. Or, les deux formes, qui en font le mieux ressortir les procédés utiles au mouvement de la pensée, sont la *méditation* et le *dialogue*. Mais, si la forme méditative convient à un génie solitaire comme sera celui d'un Descartes, la forme du dialogue convient admirablement à un génie poétique comme celui de Platon.

Mais cette admiration qu'on lui doit ne peut cependant faire oublier les erreurs fondamentales de ce disciple de Socrate, les défauts qui déparent sa philosophie, tels que la préexistence des âmes, l'excès de ses tendances idéalistes, le rôle qu'il attribue à la matière et aux atomes, l'âme universelle, l'utilité sociale préconisée au-dessus de tout, même du bien moral et de l'honnêteté, l'absorption de la famille et de la propriété dans l'État, la vertu ramenée à une science et, par suite

[1] Monument public situé hors d'Athènes, à la distance de six stades de Dipyle, nom de la porte du Céramique.

[2] Il est certain que Platon avait formé autour de lui un cercle de jeunes philosophes tout intime qu'il réunissait régulièrement dans des banquets, selon une habitude familière à toute l'antiquité et que Socrate et les Pythagoriciens avaient tous adoptée.

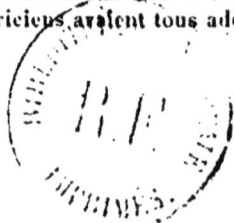

logique, la méconnaissance de la volonté de l'homme et du libre arbitre. Cependant l'œuvre de Platon n'en est pas moins louable par ses données élevées, parfois sublimes, par ses analyses d'une finesse incomparable, et l'on y trouve une philosophie de la politique aussi vraie de nos jours qu'elle l'était à l'époque de l'immortel philosophe.

SECTION III

ARISTOTE

(né à Stagyre en Macédoine 384 ans avant J.-C.,
mort à Chalcis en 322).

Ce génie encyclopédique était fils de Nicomaque, médecin du roi Amyntas II de Macédoine. Pendant plus de vingt années il suivit les leçons de Platon ; devint précepteur d'Alexandre ; fonda dans le gymnase du *Lycée* l'école *Péripatéticienne*, puis, à la mort d'Alexandre, se retira à Eubée, île de la mer Égée (aujourd'hui Négrepont).

Par la supériorité de sa doctrine Aristote est le philosophe le plus éminent de l'antiquité. On peut grouper en trois séries les éléments de son œuvre immense en importance comme en étendue : 1° *Théorie de la connaissance*, — II° *Métaphysique et Théodicée*, — III° *Psychologie*, — IV° *Morale et Politique*.

I° THÉORIE DE LA CONNAISSANCE. — A la fois disciple et adversaire de Platon, il diffère essentiellement ici de son maître, qu'il surpasse d'ailleurs par un esprit plus précis, plus observateur, plus positif. Non seulement il rejette la théorie platonicienne des Idées, mais il l'attaque avec vigueur. Pour lui, l'hypothèse des prétendus types éternels des choses ne constitue que des abstractions réalisées ; le réel n'est pas universel ; seuls, les individus existent réellement ; il n'est pas d'idées innées ; donc pourquoi vainement chercher des idées en dehors des choses qui tombent sous l'expérience ?

Comme Platon cependant, il admet qu'il y a des essences (οὐσία) et qu'elles sont l'objet de la science, mais il affirme que les essences ne sont et ne peuvent être *réalisées* que dans les *Individus*. — Relativement à la *matière et à la forme de la connaissance*, Aristote pratique la proposition antique « *Nihil est in intellectu quin prius fuerit in sensu* », toutefois sans l'entendre au sens empirique, puisqu'il réclame pour cela deux éléments : *expérience* et *intelligence*. Le premier fournit l'objet *sensible ;* le second dégage par son action propre l'élément *intelligible* constant et universel qui se trouve enveloppé dans cette image sensible.

De là l'*Idée* et Aristote distingue deux moments pour la formation de cette idée : en premier lieu, par l'*abstraction*, l'esprit transforme les indices *concrets* en données *intelligibles*, et son rôle ici est actif ; — ensuite, informé au moyen de ces données ou espèces précisées, l'esprit les *connaît* et son rôle devient passif. En un mot, distinction entre l'*intellect actif* et l'*intellect passif*, autrement dit entre l'*abstraction* ou généralisation et la *mémoire* qui conserve le produit de la connaissance. — La *science devient possible* quand l'abstraction a permis de dégager les principes, les éléments essentiels des choses : leurs *causes* apparaissent, c'est alors la *connaissance scientifique*. Jusque-là, tant que les causes sont inconnues, les éléments que l'on a devant soi ne peuvent constituer que des *opinions*.

Comme procédé scientifique on a recours à la

démonstration, dont les éléments sont déterminés par la *log que*, et ici apparaissent la théorie du *syllogisme* avec la théorie de l'*induction*, cas particulier de la *déduction*. La science suppose donc la recherche et la démonstration des causes.

II° MÉTAPHYSIQUE, ou théorie des causes (avec la THÉODICÉE et la PSYCHOLOGIE). Cette triple théorie est la base de toute la métaphysique d'Aristote.

1° — Tout être réel résulte de *quatre causes d'existences* : 1° *cause matérielle* ou matière première, c'est une possibilité d'être, une réalité indéterminée, mais susceptible de recevoir une détermination précise ; 2° *cause formelle*, principe déterminant qui transforme en notre esprit une réalité indéterminée en un être tel ou tel ; 3° *cause efficiente* qui unit matière et forme ; 4° *cause finale*, soit la fin qui sollicite l'acte de la cause efficiente.

Quoique ces quatre causes soient nécessaires à la production de tout ce qu'on appelle *être* (τὸ ὄν), la matière (principe déterminable) et la forme (principe déterminant) sont les éléments constitutifs du τὸ ὄν : « la matière sans la forme n'est qu'en *puissance*, la forme seule en constitue une réalité en la faisant passer à l'*acte*, et ce passage de la puissance à l'acte s'opère au moyen du mouvement » (ἡ κίνησις)[1].

2° — *Sur l'existence et la nature de Dieu.* — La doctrine aristotélicienne peut être ainsi con-

---

[1] Aristote distingue quatre espèces de mouvements : 1° mouvement quant à la *substance* qui est le passage d'une façon d'être à une autre substantiellement distincte : la génération ; — 2° mouvement quant à la *qualité* : l'altération ; — 3° mouvement quant à la *quantité*, c'est l'augmentation ou la diminution ; — mouvement quant au *lieu*, c'est la translation.

densée : tous les êtres ont une tendance incessante au mouvement de s'élever du degré inférieur au degré supérieur, en passant de la puissance à l'acte ; or tout mouvement présuppose un moteur (κινοῦν) déjà *en acte*, mais la série des mouvements n'est pas indéfinie : il faut s'arrêter dans la régression qui en parcourt l'enchaînement (ἀνάγκη στῆναι) et l'on doit admettre un *premier moteur* qui ne tienne pas d'un autre le mouvement qu'il crée (κινοῦν ἀκίνητον).

3° — *L'âme*, d'après Aristote, est au corps ce que la matière est à la forme : elle donne au corps vie, organisation, unité. Une union substantielle règne entre les deux parties du composé humain. Trois sortes d'âme sont reconnues par le philosphe dans ce composé intime : — l'âme végétative, principe vital des plantes, — âme sensitive, principe des actions sensibles des animaux, — âme raisonnable, personnelle à l'homme et principe des opérations de l'intelligence, et cette âme supérieure cumule en elle-même les fonctions des deux autres. — Il y a donc dans l'âme humaine à la fois puissance végétative, *sensibilité* et puissance de la pensée. A la sensibilité se rattachent la *faculté motrice*, le *sens commun*, l'*imagination*, la *mémoire*, l'*appétit rationnel* (dénomination qui désigne dans Aristote la *volonté*). « L'homme est le père de ses actes », dit-il.

Tout à la fois, la volonté tient de l'intelligence et du désir : par celui-ci elle a en vue une fin à réaliser et, par celle-là, elle choisit les moyens pour arriver au Bien ou bonheur qui semble préférable à son libre-arbitre.

III° MORALE. — En *morale*, Aristote admet donc que l'homme jouit de son libre arbitre dans la manifestation de ses actes et en supporte la responsabilité. Sa morale est empreinte d'une profonde différence avec celle de Platon, son maître ; car la vertu, pour Aristote, n'est pas seulement une science et il est possible d'être méchant *volontairement*. Mais il est d'un intérêt majeur de définir d'abord ce qu'il entend par le souverain Bien, fondement de la morale. Il le prend comme synonyme de *bonheur*, non pas un bonheur quelconque, mais celui qui provient de l'activité la plus parfaite de l'être humain. Or le résultat par excellence de cette activité, ou *acte de volonté* le plus éminent, étant celui de la *raison*, le souverain Bien de l'homme consiste nécessairement en une contemplation de la *pensée pure* (νόησις νοήσεως), conforme au beau, au bien, au vrai. Par là on devient semblable à Dieu [1].

Ce qui mène au bonheur c'est la *vertu*, qui est le facteur essentiel et habituel de *bien faire*, c'est-à-dire de vivre conformément à la raison. A cet effet le bon moyen est de pratiquer le juste milieu en toutes choses, « le rien de trop (μηδὲν ἄγαν) » des poëtes gnomiques : voilà ce qu'enseigne Aristote du gouvernement de l'âme et il trouve autant de vertus spéciales qu'il se rencontre dans la vie de désirs à soumettre à la loi du juste milieu (*in medio stat virtus*). Ces vertus, pratiquement variées, « préparent l'homme à la vertu suprême qui est la mise en exercice de la pensée pure se contemplant elle-même, et cette pensée-là répugne à l'excès ». Telle est la morale de la vertu indivuelle.

MORALE SOCIALE. L'homme vit au milieu de ses

[1] Il faut cependant observer qu'Aristote, à l'encontre des Stoïciens, ne méprise pas les biens extérieurs, mais il les considère comme des éléments inférieurs, accessoires, du bonheur. Plus tard Sénèque suivra et développera cette doctrine.

semblables et, par conséquent, il a des devoirs
de bienveillance et de justice à remplir.

Son premier et plus important devoir, c'est de
respecter les droits de chacun, principe du *jus
cuique tribuere*, fondement du droit avec l'*honeste
vivere* et l'*alterum non lædere* des philosophes et
des jurisconsultes. Dans Aristote, la *justice* est
commutative, celle qui préside aux échanges et a
son essence dans l'égalité, — ou *distributive*, celle
qui repose sur la proportion et préside à la distri-
bution des charges.

On doit, en outre, avoir bienséance et amitié
envers ses semblables. Ces sentiments complètent
la justice. Aristote les estime tellement qu'il déclare la justice inutile si les hommes d'une société
étaient unis par une véritable amitié, tandis que,
si tous n'étaient que justes, ils ne pourraient
même alors se passer de l'amitié.

IV° POLITIQUE. — Les théories communistes de
Platon sont répudiées par Aristote. Pour le bien
des individus comme de l'État, la famille et la propriété sont indispensables, dit-il ; mais il partage
cette erreur de l'antiquité de croire que l'esclavage
est pratiquement une condition légitime écono-
mique de la vie sociale, tout en admettant qu'il
constitue théoriquement un mal.

Il pose le principe que l'*État* a le but et l'obligation de rendre heureux les citoyens en les ai-
dant à bien vivre et à jouir de la situation dont ils
sont dignes : son essentielle vertu est la justice.
Aussi tous peuvent également aspirer au gouvernement en proportion de leur mérite personnel.

Quant à la meilleure forme de gouvernement,
Aristote, plus avisé des faits sociaux que Platon,
ne conçoit point comme lui un État idéal ; il re-

jette l'utopie et procède par enquête. Aussi analyse-t-il en détail origine et développement d'un grand nombre de constitutions avant de formuler son avis. Cependant ses conclusions sont loin d'être absolues, puisqu'il reconnaît de la valeur à toutes les formes gouvernementales à condition de garantir efficacement l'ordre et la liberté, avec cette nuance tendancieuse : « *Tous les citoyens* doivent être admis à prendre part aux fonctions publiques, mais ne sont citoyens que ceux qui, par situation et par culture, sont aptes à remplir leurs devoirs civiques. » En somme, sa préférence est pour une *république tempérée*, excluant les trop grandes fortunes et les misères excessives.

V° CONCLUSION CRITIQUE SUR ARISTOTE. — Parmi tous les philosophes anciens, il se distingue par un vaste savoir encyclopédique et une rare érudition pour l'époque où il a vécu : par les progrès et l'influence de ses théories philosophiques, morales, politiques, dans la pensée humaine ; par la création de la logique qu'il a portée à son plus haut degré de perfection.

Mieux que Platon, il a su définir les rapports de l'âme avec ceux du corps ; proclamé le libre arbitre et la responsabilité ; marqué une ligne de démarcation entre le monde moral et le monde intelligible identifiés à tort par son illustre maître. Sa théorie de la connaissance sera, seize siècles après lui, reprise par saint Thomas et peut-être même reconnue comme solution définitive du problème. Celle de la vertu et des vertus dans *la Morale à Nicomaque* est appréciée comme à peu près inattaquable. Dans sa théodicée, très défectueuse à certains égards, on remarque des passages d'une incontestable supériorité, tels que ce concept de

l'acte pur sans mélange de puissance. En politique
il repousse l'utopie.

Par contre, on doit amèrement critiquer sa philosophie réaliste, dont la tendance au sensua-
lisme a inspiré ses successeurs pour les conduire
au matérialisme d'Épicure, de Zénon, de Lucrèce : on ne saurait admettre un Dieu, parfait en
soi, mais exclusivement absorbé dans la contemplation de son essence autant qu'étranger à l'organisation et au gouvernement du monde. L'humanité, n'ayant rien à en attendre, ne pourrait lui
consacrer ni son culte, ni son amour. — Enfin,
quoique très élevée et l'une des moins imparfaites
de l'antiquité, sa morale contient de sérieux défauts : au point de vue théorique elle ne peut se
soutenir parce qu'elle manque de fondement absolu et de sanction suffisante ; au point de vue
pratique, étant uniquement concentrée dans la
recherche du bonheur, elle est dépourvue de désintéressement et de grandeur. Trop enclin à glorifier sans mesure la raison humaine, Aristote n'a
pas compris qu'elle ne peut être le véritable principe de l'obligation morale et que la vraie destinée
de l'homme doit être apréciée au-delà de sa vie
mortelle.

CHAPITRE III

PHILOSOPHIE POST-ARISTOTÉLIQUE

Cette période va se prolonger jusqu'à l'année 529 de l'ère chrétienne, c'est-à-dire jusqu'à la suppression des écoles philosophiques par Justinien.

Son caractère général est d'être nettement morale : recherche du souverain bien. Elle apparaît après Platon et Aristote, dont les études métaphysiques vont être oubliées ou dédaignées. Au iii⁰ siècle avant J.-C., trois écoles nouvelles s'emparent du monde intellectuel et veulent subordonner tout à la *morale*. Cette morale a pour caractère de tendre uniquement à la sagesse pratique, à la recherche du bonheur individuel. Ici la morale est séparée de la politique : les *Épicuriens*, les *Stoïciens* et les *Sceptiques* ne prennent nul souci du bonheur social.

Puis, d'autres évolutions philosophiques viennent se produire à travers les temps pour arriver du vi⁰ au ix⁰ siècle aux précurseurs de la scolastique.

Il est logique de diviser cette vaste période de la manière suivante : 1⁰ Épicurisme, Stoïcisme, Scepticisme, — 2⁰ École néo-platonicienne d'Alexandrie, — 3⁰ Pères de l'Église grecs et latins, — 4⁰ Précurseurs de la scolastique, — 5⁰ enfin destinée de la philosophie au moyen-âge.

SECTION Iʳᵉ

Epicurisme, stoïcisme, scepticisme.

ÉPICURE (341-270 avant J.-C.).

La théorie de la connaissance dénommée *Canonique d'Épicure* n'est ni plus ni moins que purement sensualiste. Démocrite, le plaisant philosophe (470-361), en est le père. Toute connaissance dérive de la sensation et se forme par l'*idée-image*. Pour Épicure, il y a trois signes de vérité : — *sensation*, qui est évidente par elle-même, puis conservée par le souvenir, enfin transformée en idée générale, — *anticipation*, idée générale projetée dans l'avenir, puisque, par le passé, on peut prévoir, anticiper les sensations futures du même ordre, — *affection*, qui est simplement la sensation envisagée comme affective et qui, fondement de la morale, distingue le bon du mauvais. Tel est l'*épicurisme canonique*, mais il y a deux autres genres d'épicurismes.

ÉPICURISME PHYSIQUE. Le *vide* et les *atomes* sont les éléments de formation de tous les êtres. Pas un atome ne se perd, il est éternel et il ne diffère que par la forme d'autres atomes. Ceux-ci sont matériels, en nombre infini et fatalement mobiles, tout en ayant la faculté de dévier un peu de la verticale. Grâce à ces caractères ou *clinamen*, les atomes ont pu se rencontrer, s'agréger, former l'univers et tout ce qui existe. Donc, aucune intervention des dieux ni dans le passé, ni dans le présent, ni dans l'avenir ; les lois du monde sont mécaniques ; pas de causes finales ; la disposition des choses, leur organisation, leur ordre sont un pur effet du hasard; les dieux existent. mais sans s'occuper ni des hommes, ni des choses, vivant heureux dans les intermondes. En ce qui concerne l'âme humaine, elle se distingue du corps seulement par la matière plus subtile dont elle est composée, jouissant d'une liberté restreinte qui est la spontanéité résultant du *clinamen*, et partageant du reste la destinée du corps.

ETHIQUE. Notre nature a pour droit de rechercher le plaisir et de fuir la douleur : Epicure place le souverain bien dans le plaisir et tout plaisir est légitime, mais le sage en use avec modération et prudence. Deux sortes de plaisirs : ceux qui proviennent du *mouvement*, entraînant avec eux l'éphémère, le fugitif, souvent la douleur, — et ceux qui sont *stables*, ayant à la fois durée, tranquillité, absence de conséquences fâcheuses et de passions. Cette philosophie considère donc comme souverain bien plutôt l'absence de douleur que la jouissance active du plaisir, toutefois en prenant soin de savoir judicieusement régler ses désirs. Aussi la vertu est-elle nécessaire, mais elle n'a par elle-même aucune valeur, puisqu'il faut l'acquérir pour le bonheur qu'elle peut procurer à l'homme. Epicure ajoute : « Si l'on vient à les séparer du plaisir, toutes les vertus ne valent pas un jeton de cuivre. » Triste conclusion. Comment la doctrine du plaisir a-t-elle pu amener ce philosophe à la théorie de la frugalité, de l'immobilité et du désintéressement ?

STOÏCISME. On a vu naître à la même époque le stoïcisme et l'épicurisme. Tous deux ont essayé de porter remède aux mêmes maux : d'affranchir l'homme de lui-même, de lui garantir au sein du malheur l'inviolable asile du *moi* intérieur. Mais, tandis que l'*épicurien* se dérobe, s'efforce de s'effacer, le *stoïcien* se redresse dans sa fierté, lutte hardiment jusqu'au point de nier le mal afin de cesser d'en souffrir. Ces deux attitudes procèdent des divergences fondamentales des deux écoles. Dans la première, le dogme est l'*inertie*; dans la seconde, l'*effort* est partout au fond des choses et l'on doit mépriser la douleur.

L'origine du stoïcisme remonte soit aux Ioniens et à *Héraclite* (500 avant J.-C.) dans la doctrine du feu, source de tous les phénomènes physiques, — soit à *Antisthène* (élève de Socrate et fondateur de la secte des Cyniques) qui a prêché que le souverain bien est la vertu, c'est-à-dire l'effort, — soit à *Aristote* qui enseigna la finalité universelle, mais finalité immanente et non pas transcendante, — soit enfin à *Zénon* (336-264 avant J.-C.) qui fut le véritable fondateur du stoïcisme.

THÉORIE DE LA CONNAISSANCE. Chez les Stoïciens comme chez les Épicuriens, toute connaissance vient des sens. L'âme est primitivement comparable à une feuille de papyrus sur laquelle rien n'est écrit et où les sens tracent des empreintes : alors son activité donne une existence intellectuelle à cette passivité en formant des idées générales et arrive à la science. Quatre degrés dans la connaissance : — *sensation*, point de départ initial autant que nécessaire à l'opération, — *assentiment*, produit de la réflexion, — *compréhension*, qui réunit et présente les idées générales, — enfin *synthèse* ou la science des connaissances ainsi acquises. Une main ouverte, demi-fermée, fermée et les deux mains se serrant l'une l'autre formaient le symbole de ces divers degrés.

PHYSIQUE. Pour les Stoïciens, la philosophie de la nature constitue un *Panthéisme dynamis-*

tique. Dieu et le monde ne sont qu'un seul être ; l'univers se compose en réalité de *matière* et de *force ;* celle-ci, élément actif qui pénètre celle-là, l'organise et la met en mouvement : c'est l'âme des choses, c'est la divinité, « *feu artiste* dont la féconde action donne naissance à toute l'infinie variété des phénomenes naturels », force divine, à la fois destin et Providence, puisque l'ordre des choses est rigoureusement déterminé, en même temps qu'il est rempli d'intelligence et de suprême harmonie.

Ame humaine. C'est une étincelle du feu divin, une petite parcelle de l'âme universelle où elle rentre après sa séparation d'avec le corps. Il ne lui est possible d'agir que selon les lois du déterminisme universel ; elle n'a aucun libre arbitre, pas plus que Dieu dont elle est une émanation : « *Volentem fata ducunt, nolentem trahunt.* » La résignation de l'esprit est son unique semblant de liberté.

Morale. Dans la vie humaine, le but suprême et le souverain bien de l'homme, c'est la vertu. Être vertueux, c'est vivre *conformément à la nature ;* or *la nature de l'homme,* étant d'être non pas purement sensible (car la sensibilité est une maladie de l'âme), consiste dans l'essence de la *Raison* et son exercice ; donc c'est vivre *conformément à la raison* qui est dans l'univers. Tout acte de volonté humaine doit être d'accord avec celle de Dieu. Pour cet objectif, il faut, d'un côté, développer en soi *l'effort,* principe *essentiel* de notre nature raisonnable et constitutif aussi de l'univers ; d'un autre côté, on doit maîtriser en soi toute émotion, toute passion, parce que ces effets de sensibilité constituent un relâchement et, par conséquent, sont contraires à la raison qui,

seule, est notre vraie nature. En résumé, le devoir
et la vertu ne résident point dans la contemplation, mais bien dans l'énergique activité du *vouloir
rationnel*, quelles qu'en soient les souffrances. Il
mène à la félicité parfaite.

Les Romains se sont imprégnés de ces influences
philosophiques austères. Leur caractère relève
du goût romain pour les choses pratiques, par
conséquent de l'épicurisme et principalement du
stoïcisme. Aucune originalité.

1°

L'épicurisme, Stoïcisme et Scepticisme a Rome.

Il a son représentant le plus éblouissant et le
plus enthousiaste dans **Lucrèce**[1] (95-51 av. J.-C.)
dont la biographie est peu connue et dont l'œuvre
du *De natura rerum* n'a pas été achevée. Son
poème didactique vise à rendre l'humanité plus
heureuse en l'arrachant par la science aux com-
binaisons légendaires sur la vie future et l'intervention des dieux dans le gouvernement du monde.
Mais il contient des beautés de premier ordre, par-
semées dans les six livres qui le composent.

Le *premier* est consacré aux *atomes*, principes
de tout : rien ne se crée, rien ne se perd, tout se
transforme. — Le *deuxième*, à leurs qualités et
mouvement : en s'agglomérant, les atomes ont
constitué les divers corps. — Dans le *troisième*,
étude de l'âme humaine dont la nature est d'être
formée d'atomes infiniment subtils et périssables
avec le corps. — L'origine des idées est exposée au
quatrième livre: toutes proviennent des sens et,
de là, il donne une théorie des sensations, du

[1] Voir la notice donnée par MM. Benoist et Lantoine dans leur
texte de Lucrèce, éd. Hachette.

sommeil et des passions. — La cosmogonie générale de l'univers occupe le *cinquième livre*. Celui-ci, qui débute par une grandiose apothéose d'Epicure, est incontestablement le plus génial et le plus poétiquement conçu : Lucrèce s'y montre le premier précurseur des savants modernes, car il a entrevu la plupart des doctrines scientifiques dont on vit aujourd'hui. En physique, il proclame le mécanisme et la fixité des lois de la nature ; il parle de l'âme et du corps comme un psycho-physiologiste de nos temps ; dans le domaine de l'anthropologie, son exposé des âges préhistoriques cadre avec le système de l'évolution ; il y a là, en germe, toutes les idées des Darwin, des Lubbock, des Herbert Spencer. — Toutefois, par son essence matérialiste, sa philosophie est empreinte de faiblesse et d'insuffisance : elle est loin de fournir solution aux problèmes qu'elle se plaît à soulever, car, pas plus que les évolutionnistes, elle ne donne une raison plausible des atomes, ni la direction de leur mouvement, ni la genèse de la vie, ni la naissance de la pensée, ni l'apparition de la vie morale. A propos de la morale de Lucrèce, on doit noter que, semblable en cela aux morales positives et indépendantes de notre époque, elle en bannit radicalement tout élément métaphysique comme tout sentiment religieux quelconque. Négation du bien et du mal, du devoir et de la vertu.

II°

SÉNÈQUE.

En prose, les petits traités de morale de l'incomparable **Sénèque** (2-68 après J.-C.) et ses 124 lettres au chevalier romain Lucilius nous révèlent la philosophie païenne d'un excellent directeur de conscience, doué de parfaites qualités psychologiques et d'une merveilleuse souplesse pour imposer ses idées stoïciennes à ceux qui le consultent d'une âme confiante. Sénèque exècre la dialectique et cependant, quand il est amené à s'en rapprocher, il le fait avec une paternelle douceur. De plus, évitant le ton dogmatique, il emprunte ses arguments aussi bien à Zénon qu'à Épicure avec de séduisants détails, tels que ce charmant apologue des trois Grâces à propos de la bienfaisance. — Quant à ses idées, la morale qui s'en dégage est très élevée, mais il met trop exclusivement dans l'âme individuelle le principe de la vertu. Tout est marqué au coin de cet individualisme : les rapports sociaux, l'humanité, la charité, la notion de la solidarité tiennent moins de place chez lui que dans Cicéron ou chez les Stoïciens antérieurs et, pour lui, la vertu suprême est la dignité. Cette préoccupation exagérée, tout ensemble haute et étroite, ne l'a-t-elle pas amené à recommander le suicide ? Singulière et contradictoire défaillance de sa philosophie.

III°

EPICTÈTE.

Il naquit à Hieropolis (sous Néron, Domitien, Adrien et Marc-Aurèle). — Ce philosophe de morale éminemment pratique, comme Socrate, n'a rien écrit par lui-même. Son enseignement a été transmis sous le nom d'Εγχειρίδιον par son disciple Flavius Arrien[1], historien grec de Nicomédie au II° siècle. Le *Manuel*, qui se complète par les *Entretiens*, se résume en trois points :

[1] Né vers l'an 105 de J.-C. en Bithynie, il reçut le droit de cité par faveur impériale et prit à ce moment le nom de Flavius. Ses *Entretiens d'Epictète* reproduisent fidèlement la doctrine de son maître.

1° *Théorie de la liberté* ou devoirs de l'homme envers lui-même (l'idéal stoïcien d'Epictète consiste dans la possession de la liberté par la vertu, et c'est moins une volonté active que la faculté de juger) ; être libre, c'est comprendre, c'est-à-dire ne pas trouver d'obstacle devant son intelligence. Autrement dit, c'est « se confondre avec la volonté qui dirige tout, s'identifier avec la **nécessité** ». *Comprends, supporte* et *abstiens-toi*, tel est le pur idéal du sage dont rien ne viendra troubler l'*ataraxie*[1]. Il est difficile d'arriver à cet idéal, mais il est possible d'y tendre : pour cela, il faut distinguer les choses de notre dépendance de celles qui n'en dépendent point, il faut apprendre à nous *abstenir* des biens que ne donne pas la fortune, et à *supporter* les maux qu'elle envoie. Par là, affranchissement des passions, des mouvements de la sensibilité et alors libre accès à la *volonté raisonnable* qui constitue notre vraie nature. Par conséquent chacun est maître de son bonheur.

2° *Théorie de l'amitié* ou devoirs de l'homme envers autrui. Dans ses rapports avec les autres hommes, un des premiers devoirs du sage sera de conserver sa *dignité*. Tenir la tête haute, même en face des puissants. Cependant ce sentiment de la dignité doit être tempéré par l'*amour* de nos semblables, non pas comme union des volontés et des cœurs, mais des intelligences. Selon les Stoïciens, s'aimer c'est être en conformité d'idées (amour rationnel et presque impersonnel). Delà, les conséquences tant reprochées au stoïcisme.

3° *Théorie du mal, optimisme, devoirs envers Dieu*. En visant seulement à ce qui dépend de sa liberté, le sage stoïcien est aussi l'ami des dieux.

[1] Tranquillité de l'âme.

Il sait que la *nécessité*, expression de la volonté
divine, est au fond de toutes choses : conséquemment il accueille tous les événements humains ou
naturels avec pleine confiance. Il va même au
devant du destin : agir autrement serait de l'im-
piété. Aucun mal en dehors de nous-mêmes ; c'est
nous qui transformons les choses de la vie en bien
ou en mal. Epictète disait textuellement : « Apporte ce que tu veux et j'en ferai un bien ; apporte
la maladie, apporte la mort, apporte l'indigence :
grâce à la baguette de Mercure, tout cela tour-
nera à notre profit. » Aussi, d'après le philosophe, doit-on choisir entre un *pessimisme* impie
et le *stoïsme* ; seule, la vertu peut fonder la religion ; la sagesse est piété par essence.

CRITIQUE. — Les maximes de ce curieux philosophe sont pleines de profondeur, souvent de
vérité. Néanmoins sa morale stoïcienne, très élevée à certains égards, manque de base solide.
En effet Epictète, et les stoïciens en général,
n'ont pas saisi la véritable nature de la *volonté* et
de la *vertu* ; la première n'est point une simple
puissance contemplative, isolée, indifférente au
résultat, elle s'accroît de l'exercice de ses propres
forces, elle est essentiellement puissance *active*
visant au mieux ; par déduction logique, la seconde
n'est pas *négative*, elle ne saurait consister dans
l'impassibilité stoïque. *S'abstenir* et *supporter* sont
évidemment des vertus, mais ce ne sont pas la
vertu dans son sens synthétique, dans son essence.
Ils n'ont pas compris davantage le *véritable rôle
de l'homme dans la nature* ; ils prétendent qu'on
doit s'incliner fatalement devant tout ce qui arrive ; autrement dit, ni désirer ni aspirer à mieux.
Or, l'homme, supérieur à la nature, doit dompter
la nature, en surprendre les secrets, tendre de

tous ses efforts et travailler au progrès. — Ils n'ont point compris non plus le *rôle de l'homme dans l'humanité* : le genre d'amour pour autrui, dont ils ont tracé les caractères, n'est qu'une forme de l'égoïsme ; et, pour les maux de l'humanité, les stoïciens n'ont qu'un remède, la patience. La divine charité n'existe pas encore.

Au-dessus de tout, il leur manque radicalement ce qui est incompatible avec l'ensemble de leur doctrine, et, sans cet élément suprême de vie, toute morale est sans fondement : l'immortalité de l'âme et la personnalité divine du Créateur des mondes. Ils sont sceptiques.

Section II

Ecole néo-platonicienne d'Alexandrie.

Le stoïcisme avait brillé d'un certain éclat chez les Grecs et les Romains, avait même inspiré quelques âmes d'élite, mais ses lacunes et ses défauts avaient entraîné sa perte.

On arrive alors à une époque de transition où toutes les anciennes doctrines finissent par aboutir au scepticisme d'Ænésidème, de Sextus Empiricus[1], et d'Agrippa[2].

Dans les temps postérieurs à la réduction de la Grèce en province romaine, on retrouve la philosophie grecque réfugiée à Alexandrie, où elle tenta

---

[1] Médecin et philosophe grec de Mytilène, sur la fin du IIe siècle de notre ère. Il appartenait à la secte des médecins dits *Empiriques*. — Ænésidème, philosophe sceptique de Gnosse en Crète, vivait à Alexandrie à la fin du premier siècle avant J.-C. ; il renouvela le Syrrhénisme, reproduisit sous des formes plus rigoureuses les *tropes* (ou motifs de doute) des sceptiques et attaqua l'idée de *cause*.

[2] Cet Agrippa vivait au début du IIe siècle après J.-C. Il réduisit à cinq les raisons de doutes admises par Ænésidème.

un suprème effort qui ne put en amener une renaissance, en présence de l'apparition d'une philosophie nouvelle due au contact du christianisme.
Ammonius Saccas¹, au iiiᵉ siècle, fut le fondateur
de cette école d'Alexandrie et devint le maitre de
Plotin, d'Origène et de Longin. Son plus illustre
représentant, *Plotin* (de Lycopolis dans la Haute
Égypte, 205-270) ouvrit à Rome sa fameuse école
sous l'empereur Philippe. Il considéra comme but
de la philosophie l'union immédiate de l'âme humaine avec l'Ètre Divin, union à laquelle l'esprit
parvient tant par l'extase que par la contemplation. Il eut pour successeurs ce *Porphyre* (nommé
d'abord Malchus² c'est-à-dire *Roi* en syriaque,
233-304), — *Iamblique* (syrien, au ivᵉ siècle), —
Proclus³, dit Diadochus, c'est-à-dire *successeur*,
poète et néoplatonicien mystique, né à Byzance
(412-485), qui étudia sous Plutarque, fils de Nes-
torius, et sous Syrianus auquel il succéda dans la
direction de l'école d'Athènes en 450, aussi versé
dans les sciences que dans la théologie.

Des chaires avaient été fondées non-seulement

---

¹ AMMONIUS SACCAS mourut vers 241 après J.-C. Quoique né
dans la pauvreté et qu'il eût été forcé de faire le métier de porte-
faix pour vivre (de là son surnom de *Saccas* ou *Saccophore*), il se
livra avec ardeur et intelligence à la philosophie, il chercha à concilier les doctrines de Platon et d'Aristote, en y mêlant la science
orientale ; il fut ainsi le fondateur de l'éclectisme néoplatonicien.
Il n'a laissé aucun écrit, mais il eut pour disciples Longin, Origène
et Plotin.

² Ce nom de Malchus a été grécisé en *Porphyrios*. Ce philosophe
étudia l'éloquence à Athènes sous Longin, et la philosophie à
Rome sous Plotin dont il devint le disciple à partir de l'an 263.

³ Il exposait la doctrine de Platon d'après Plotin, Jamblique et
Syrianus, mais en y associant des idées empruntées aux traditions
orphiques et pythagoriciennes ; il chercha à relever le paganisme
en l'interprétant par des explications allégoriques ou mythiques, et
disait que le philosophe est le prêtre de la nature entière. Initié
aux pratiques de la théurgie, il donnait, comme ses prédécesseurs,
dans le mysticisme et plaçait l'extase au-dessus de la raison.

à Alexandrie, ville formant un centre intellectuel cosmopolite entre l'Europe, l'Asie et l'Egypte, mais encore à Athènes, à Rome, à Éphèse, à Pergame.

Cette école d'Alexandrie est essentiellement *éclectique*. Elle se propose en effet de concilier en une immense synthèse à la fois les théories péripatéticiennes, stoïciennes et principalement *platoniciennes* (de là le nom de *néo-platonicienne*), avec les religions grecques et orientales, afin d'opposer ce bloc intellectuel et religieux au christianisme naissant, auquel elle n'hésite point à faire de multiples emprunts.

La métaphysique Plotinienne se réduit aux données suivantes :

Les *Ennéades* enseignent un panthéisme *émanatiste* envisageant le monde comme l'*épanouissement* de la vie divine, et sa *résorption* en Dieu comme le but final de l'existence humaine. Comme *émanation*, Plotin indique ainsi les phases successives de l'évolution divine qui constituent la hiérarchie des êtres : 1° au sommet de l'être, se trouve l'*Un* (τὸ ἕν), l'hypostase[1] supérieure renfermant en elle tout ce qui est, donnant naissance à tous les êtres par une nécessité de sa nature ; 2° il engendre d'abord l'*esprit* ou *verbe*, siège des idées, types éternels des choses ; de l'*esprit* émane à son tour l'*Ame universelle* ; « l'*Un*, l'*Esprit*, l'*Ame* forment les trois hypostases de la trinité alexandrine ; l'âme est le verbe et l'acte de l'esprit, comme celui-ci est le verbe et l'acte de l'*Un*. » — 3° Enfin, dernière phase de l'évolution divine, l'*Ame* devient le principe organisateur et vivifiant du monde visible ; d'elle émanent les esprits et les corps, qui en sont l'épanouissement temporel.

[1] Substance, personne.

Comme *résorption*, Plotin enseigne que nul être, créé par Dieu, ne se sépare de son principe. Bien au contraire, il tend à s'identifier avec lui en suivant les mêmes étapes dans une voie ascendante. La *perception sensible*, le *raisonnement*, les *sciences*, l'*intuition mystique* sont les divers degrés de cette résorption. Bref, cet éternel mouvement d'émanation et de résorption constitue la vie de l'être.

Trois caractères distinguent la philosophie Plotinienne : — l'*éclectisme*, — le *panthéisme*, sous sa forme émanatiste tirée de l'Inde, — le *mysticisme*.

Sur le premier point, il faut observer qu'elle a pris sa trinité dans la Trinité chrétienne, dont elle diffère essentiellement parce que les trois hypostases de Plotin constituent trois essences distinctes et inégales, et qu'en somme cette trinité alexandrine n'est qu'une synthèse conçue des trois grandes philosophies grecques : l'*Un* répond à l'*acte pur* d'Aristote ; l'*Esprit*, aux *Idées* de Platon ; l'*Âme*, au πνεῦμα des Stoïciens.

Sur le deuxième point, doctrine indienne.

Sur le troisième, par suite de la *dyade* (dualité) du sujet et de l'objet, le terme de la dialectique plotinienne n'est pas encore la *connaissance parfaite absolue* : celle-ci est produite par l'*extase*, état surnaturel, mystique, de l'âme, où elle s'identifie avec l'objet connu. Plotin prétend y être parvenu deux ou trois fois en sa vie.

Cette philosophie est profonde et religieuse, mais il faut avouer son extrême subtilité et sa valeur peu scientifique. Son défaut majeur, c'est d'être trop abstraite, de confondre des entités avec les réalités, d'abuser d'hypothèses aventureuses sur l'infini, le parfait, l'absolu, et de les entrevoir comme des certitudes. Notre judicieux maître

Fouillée a dit justement : « *Plotin décrit son Dieu
et sa Trinité comme s'il avait habité le ciel... Ce
n'est plus de la science ou des hypothèses raison-
nées, ce sont des rêveries mystiques, un poème de
théologie orientale. Pour la nature de l'homme,
Plotin n'a pas une conscience assez claire de la
volonté et de son autonomie. Par cela même
l'idéal de l'amour vraiment libre demeure obscur...* »

Telles sont les élucubrations de la philosophie
alexandrine, étrange mélange mystique et platonicien. Sans entrer directement dans la lutte des
écoles philosophiques, le christianisme ne met pas
moins de vigueur à résister aux menées et aux
attaques de ses détracteurs.

A la philosophie Alexandrine se rattache étroi-
tement le *Gnosticisme*[1].

Les gnostiques sont des philosophes des trois
premiers siècles, souvent juifs plutôt que gentils,
parfois sortis du sein de l'Église chrétienne, héré-
siarques ou hérétiques, qui tentèrent de fonder
une doctrine religieuse et philosophique nouvelle
en alliant les idées qu'ils tiraient des livres saints
aux théories helléniques et orientales. Comme
fond, la Gnose (que ses adeptes présentaient à l'é-
gal d'une science plus ou moins mystérieuse et
supérieure à la foi révélée) était la doctrine de l'É-
manation et du retour au premier principe par la
voie de la rédemption. Voici cette doctrine, en
substance : *Dieu*, principe du bien, — la *matière*,
principe du mal, existant en dehors de Dieu et
sans procéder de lui ; — théorie des *Éons* ou esprits émanés de l'intelligence éternelle, puis-
sances intermédiaires, dont le Verbe est la plus
haute ; — les *Ames* humaines ne sont que des *éons*

[1] Du mot grec l'γνῶσις = connaissance, notion, doctrine.

déchus, engagés dans des corps matériels. Sur ce fond philosophique, qui est composé de réminiscences de Philon-le-Juif[1] (d'Alexandrie) et de Plotin, venaient se greffer des variations plus ou moins subtiles et notoirement arbitraires du dogme de la Rédemption.

Ces doctrines furent surtout répandues en Asie et en Egypte dans le premier siècle. On en trouve le germe dans *Simon-le-Magicien*, l'ancien disciple du thaumaturge Dosithée, dans *Ménandre-le-Samaritain*, *Philon-le-Juif*, *Cérinthe* d'Antioche et autres extravagants sectaires. Elles furent successivement développées, au IIe et au IIIe siècles, par l'hérétique *Marcion*, de Sinope dans le Pont, chef des Marcionistes (dont la doctrine se rapproche du Manichéisme), par *Cerdon* de l'Asie-Mineure, par *Saturnin d'Antioche*, par *Carpocrate* d'Alexandrie, qui niait la divinité du Sauveur et pratiquait la magie, par *Valentin* d'Alexandrie, par *Bardesane* d'Edesse, qui fut longtemps une gloire du christianisme mais devint Valentinien, par l'hérésiarque *Basilide* d'Alexandrie, le maître des Basilidiens, par *Tatien* syrien, qui se convertit au christianisme.

Combattus à la fois par les Pères de l'Eglise *saint Clément*, *Origène*, *Irénée*, *Théodoret*, *Epiphane*, *Tertullien*, *saint Augustin*, — aussi bien que par des philosophes tels que Plotin, les gnostiques finirent par disparaître.

[1] Né l'an 30 avant J.-C., il était de la race sacerdotale des Juifs. Grand savant, il fut de son vivant surnommé le *Platon juif*. Député à Rome auprès de Caligula par les juifs pour demander en leur faveur le droit de cité romaine, il ne put l'obtenir. Il a laissé de nombreux écrits.

Section III

Pères de l'Eglise grecs et latins.

En face de l'école païenne, apparaît la *Didasca-lée*, école chrétienne illustrée par *Origène*, père de l'Eglise grecque (185-253), et *S. Clément d'Alexandrie* (docteur de l'Eglise au II° siècle mort en 217). Ce berceau de la philosophie chrétienne devint pendant cinq siècles une influence considérable due aux plus hautes sommités parmi les Pères, et l'on ne peut méconnaître son importance dans l'orientation nouvelle de la pensée humaine. Grâce à la foi, elle assura le triomphe définitif de vérités fondamentales jusque-là confuses ou controversées : personnalité divine, création, acte libre de la puissance et bonté de Dieu, liberté de l'homme, spiritualité et immortalité de l'âme, origine du mal.

I° Au nombre des **Pères Grecs**, on trouve *S. Atha-nase* patriarche d'Alexandrie (296-376), *S. Cyrille d'Alexandrie* (mort en 454), *S. Cyrille de Jérusalem* (315-389), *S. Basile-le-Grand* (329-379), qui étudia les belles-lettres à Athènes avec Julien l'Apostat, *S. Grégoire de Nazianze*, orateur et poète (328-389), *S. Grégoire de Nysse* (330-400), *S. Jean Chrysostome* († en 407).

II° Parmi les **Pères Latins** : *Tertullien* (160-245), docteur de l'Eglise né à Carthage, *S. Hilaire* (301-367), évêque de Poitiers, *S. Ambroise* (340-397), *S. Jérôme* (331-420), et *S. Augustin*.

La philosophie de S. Augustin [1] mérite une attention particulière. Epris de bonne heure des théo-

[1] Aurelius Augustinus, né à Tagaste en 354, avait un père païen et une mère chrétienne, sainte Monique. Il fut pendant neuf années

ries platoniciennes, Augustin fut entraîné par elles
à se détacher du manichéisme, et sut plus tard les
corriger et les appliquer à l'interprétation de la
vérité. — En psychologie, il part de la conscience
du *moi* qui *pense et veut* pour établir la certitude
des connaissances : « *Si non esses, falli omnino
non posses.* » Il est donc un précurseur du *Cogito
ergo sum* de Descartes.

Pour Augustin, l'*âme* réunit trois facultés en
une même substance, où il entrevoit comme une
image de la Trinité ; tout en affirmant la spiritualité et l'immortalité de l'âme, il en rejette la
préexistence. Mieux que Platon, il reconnaît l'in-
timité d'union de l'âme et du corps : « l'âme est
tout entière dans chacun des molécules du corps. »
Sur l'origine de l'âme, on le voit hésitant : il
semble pencher vers l'erreur du *traducianisme*.

Quant à l'origine des Idées, sans doute il écarte
la *réminiscence* ; mais, séduit par la beauté du
monde intelligible, il se montre cependant favorable à la conception platonicienne et paraît même
incliner vers la théorie de la vue de la vérité en
Dieu (*ontologisme*). Malgré ces apparences, sa conception comporte un sens strictement juste. On
ne peut avoir ici-bas l'intuition directe de Dieu,
mais il nous éclaire par l'intelligence qu'il nous a
donnée, pur rayon de sa lumière divine, de même
que par les spectacles de la nature dont il nous a
gratifié dans sa création.

Augustin est aussi un défenseur du *libre arbitre* : sur les rapports de l'intelligence et de la

---

Manichéen, fut converti à Milan par saint Ambroise en 386, élevé
à l'épiscopat d'Hippone en 395 † 430. — Il combattit vigoureuse-
ment les Donatistes, Manichéens, Pélagiens, Priscillianistes, Ar-
riens et les disciples d'Origène. — Écrivain brillant par l'imagination et la verve, il n'est pourtant pas exempt des défauts de son
époque et de sa nation Numide : affectation, abus des antithèses,
subtilité, certaine rudesse dans le style.

volonté dans le domaine de la croyance ; il propose une solution conciliante en repoussant un intellectualisme excessif et en accordant à la volonté un certain *primat* qu'il ne fait cependant ni exclusif ni universel.

Avec son âme de poète et de mystique, il se complaît dans la **Théodicée**, et c'est là qu'il brille d'un incomparable éclat. Il n'est pas un philosophe avant lui qui n'ait mieux parlé de Dieu et de ses attributs qu'il résume par cette parole profonde : « *Dieu est tout ce qu'il a* », c'est-à-dire Vérité, Beauté et Bien. Le concept de la création, qui avait échappé tant au platonisme qu'au stoïcisme, est élucidé par Augustin non moins que le *mal* : il se garde d'expliquer le mal comme les manichéens l'ont fait illogiquement, car le mal n'est pas une propriété positive essentielle de la matière ; c'est une chose négative, une privation d'être, de beauté, de perfection, un manque d'ordre.

La **Morale** d'Augustin est élevée comme sa théodicée ; on peut la synthétiser dans sa propre pensée : « Seigneur, vous nous avez faits pour vous, et notre cœur est inquiet jusqu'à ce qu'il se repose en vous[1]. »

Sa *Cité de Dieu* est une philosophie de l'histoire écrite à l'aurore du ve siècle : elle inspirera Bossuet, et même des écrivains tels que Vico et Herder qui ne reconnaîtront qu'à moitié le merveilleux livre de l'évêque d'Hippone, mort glorieusement dans le siège de cette ville par les Vandales.

L'œuvre d'Augustin prépare celle de saint Anselme, de saint Thomas et des scolastiques.

---

[1] Philippe de Nesson, poète du moyen-âge (dont on trouve l'œuvre manuscrite au musée de Chantilly), a magnifiquement exprimé en vers la même idée. Voir *Revue de Savoie*, tome I, Paris, 1912.

Section IV

Précurseurs de la scolastique.

Du vi⁰ au ix⁰ siècle, la philosophie est dans une époque de transition. L'invasion des Barbares est venue troubler l'Occident et les discussions théologiques agitent le monde gréco-romain. On rencontre cependant quelques philosophes méritant d'être cités comme les précurseurs de la scolastique.

Boèce (Amicius M. T. S.), philosophe, mathématicien, homme d'Etat, né à Rome vers 470 ✝ 525. Ce ministre de Théodoric-le-Grand traduisit plusieurs traités d'Aristote et se distingua par sa *Consolatio philosophica* qui sera plus tard commentée par saint Thomas.

Cassiodore (Aurèle), né en Italie (468-562), ministre également de Théodoric, fut philosophe, théologien et encyclopédiste. Il laissa un traité sur l'âme.

Isidore de Séville (570-636), évêque de cette ville. Chroniqueur érudit, philosophe.

Bède (le Vénérable), moine anglais (673-735), d'une immense érudition dont font foi ses œuvres publiées à Paris en 1544 et à Londres en 1845. Outre une *Hist. Eccl. de l'Angleterre* jusqu'en 734, on a de lui un *Manuel de dialectique* qui devint une des bases de la scolastique.

Section V

Philosophie du Moyen-Age.

Comme cette philosophie s'est développée dans les *Scholæ* fondées près des sièges épiscopaux et dans les monastères, elle a été surnommée Sco-

LASTIQUE. Elle se distingue par trois caractères :
— soumission au dogme catholique (surtout à
l'origine), — respect, même exagéré, de l'autorité
des anciens, particulièrement d'Aristote, sur
toutes matières non résolues par la foi religieuse,—
usage de la méthode syllogistique qui, sur la fin
de la scolastique, dégénéra en véritable formalisme.

En général on a coutume de ramener l'histoire
philosophique du moyen-âge à deux époques principales : I* *Philosophie scolastique* proprement
dite, — II° *Philosophie de la Renaissance.*

§ I

PHILOSOPHIE SCOLASTIQUE.

Elle se développe en trois périodes très distinctes : 1° Période de formation, de l'an 800 à
1200, où la philosophie est *Fides quærens intel-
lectum* c'est-à-dire complètement subordonnée à
la théologie, — 2° Période de son apogée, de l'an
1200 à 1300, c'est-à-dire alliance de la philosophie et de la théologie, — 3° Période de dissolution, de l'an 1300 à 1425, où la philosophie et la
théologie non seulement se séparent, mais se
combattent, lutte qui finit par aboutir au désarroi
philosophique de la Renaissance.

I. — PÉRIODE DE FORMATION (de l'an 800 à 1200).

Pendant cette tentative philosophique nouvelle,
la dialectique est absolument subordonnée à la
théologie. A elle se rattachent les fondations célèbres de Charlemagne sous l'influence d'ALCUIN
(725-804). Le monarque avait rencontré ce moine
anglais, poète, philosophe et mathématicien, dans
ses pérégrinations en Italie, où Alcuin était venu
chercher le pallium pour son archevêque en 780.

Séduit par sa science, le futur empereur se l'attacha et lui octroya trois abbayes. Sous les auspices du prince, furent fondées plusieurs écoles, entr'autres à Paris et à Tours, ainsi que des bibliothèques et une sorte d'Académie dont Charlemagne lui-même fit partie. A la même époque le savant se procura dans son pays natal nombre d'importants manuscrits pour enrichir la bibliothèque de Saint-Martin de Tours.

PREMIERS PHILOSOPHES SCOLASTIQUES : 1° *Jean Roscelin* (milieu du xi° siècle), auteur de la secte des Nominaux.

2° *Saint Anselme*[1]. — Ce philosophe éminent fut abbé du Bec en Normandie[2], de 1078 à 1092, où il était d'abord disciple, avec Lanfranc, du fondateur de cette abbaye bénédictine célèbre à de nombreux titres. En 1093 il succéda à Lanfranc[3] dans l'archevêché de Cantorbéry. A la fois politique habile, théologien et philosophe, il se montra irréductible défenseur des prérogatives du Pape et du clergé contre les prétentions de Guillaume-le-Roux couronné en 1087, qui le fit expulser d'An-

[1] Né à Aoste en 1033 † en 1109.

[2] Bourg de l'Eure, situé à 21 kil. de Bernay (N.-N.-E.) et à 43 kil. N.-O. d'Evreux. Une abbaye de bénédictins, qui fut célèbre par ses écoles et sa science, y fut fondée en 1034 par Héluin ou *Herluin*. Ce fondateur en fut le premier abbé, et eut pour disciples *Lanfranc* et *Anselme* ; ceux-ci, à leur tour, en devinrent les deuxième et troisième abbé. — Aujourd'hui le cloître du monastère sert de haras. — *Dom Bourget* a écrit l'histoire de l'Abbaye. Il avait une rare érudition et composa d'admirables vers latins *De contemptu mundi*, où il traite la femme de « *dulce malum* ».

[3] LANFRANC, né à Pavie en 1005, fut professeur à Bologne, à Pavie, puis à Avranche et entra en 1042 dans l'abbaye du Bec, où il fonda des écoles de lettres et de théologie. Devenu conseiller intime du duc de Normandie Guillaume-le-Bâtard, il en obtint l'abbaye de Saint-Etienne de Caen. De là il fut promu à l'archevêché de Cantorbéry, où il eut pour successeur saint Anselme.

gleterre, mais il y fut rappelé bientôt par Henri Ier.
Bénédictin d'une discipline rigoureuse, Anselme
devenu archevêque fit imposer le célibat aux ecclé-
siastiques anglais par décision du synode tenu à
Westminster en 1102. Malgré ses spéculations
aventureuses sur le dogme de la Trinité, il a été
canonisé en 1494 et, en 1720, mis au rang des Docteurs de l'Église.

Incontestablement il a été le plus hardi des
Réalistes, le plus grand philosophe du xie siècle.
On a pu dire de lui qu'il fut *le dernier des Pères
de l'Église et le premier des scolastiques* ; on l'a
également surnommé le *second Augustin*, parce
qu'il s'était particulièrement assimilé la doctrine
de l'évêque d'Hippone. — Comme celui-ci, il s'ap-
plique à ponctuer clairement les rapports de la
foi et de la raison : pour l'un comme pour l'autre,
la foi cherche l'intelligence (*fides quærens intel-
lectum*), et l'intelligence, à son tour, cherche la foi
(*intellectus quærens fidem*). Il résulte de ce double
mouvement une union indissoluble, dont la scolastique va s'appliquer à démontrer les harmonies.

Comme Augustin, et bien plus tard Malebranche,
saint Anselme incline vers le Platonisme et l'Ontologisme, science de l'être en général, lorsqu'il
traite de Dieu et de la connaissance que nous en
avons : « *Si quelqu'un voit la lumière de la vérité,*
dit-il, *il voit Dieu.* » Cette formule bien interprétée
n'implique point toutefois l'intuition immédiate
de Dieu sur cette terre. On doit noter que le fameux argument qu'on désigne sous le nom d'*on-
tologique* ou *à priori*, par lequel il veut prouver
l'existence de Dieu en s'appuyant seulement sur
l'idée même de Dieu, a été reproduit au xviie et
au xviiie siècles soit par Descartes, soit par Leib-
niz, soit encore par les modernes,

3° *Guillaume de Champeaux* qui fut le maître d'Abélard, puis son adversaire, et devint le fondateur du Réalisme.

4° *Pierre Abélard* ou *Abailard* (1079-1142).

Un grand problème préoccupait alors les intellectuels, pour continuer du reste de les intéresser pendant tout le moyen-âge : le problème des *Universaux*. Les universaux (idées générales) sont-ils des *mots* (Nominalisme), comme le soutient Roscelin, ou des *Réalités* (de là le Réalisme) d'après l'opinion de Guillaume de Champeaux, ou bien des *concepts* de l'esprit (conceptualisme) selon Abélard ?

5° *Saint Bernard* (1191-1253) qui attaqua et obtint condamnation des doctrines d'Abélard.

II. — Période de l'apogée scolastique
(an 1200 à 1300).

Toutes deux, la théologie comme la philosophie, marchent chacune dans leur voie. Ozanam[1] dit supérieurement : « La théologie émancipe la philosophie, qui avait assez grandi sous sa tutelle pour se soutenir d'elle-même. Elle ne retint qu'une prééminence maternelle et des relations d'assistance réciproque ; car il y avait séparation, mais non pas reniement mutuel. »

Plusieurs causes vinrent contribuer à l'épanouissement de la philosophie scolastique : fondation des Universités, — introduction en Occident des œuvres complètes d'Aristote, dont on ne connaissait guère que l'ὄργανον, et qui renouvelèrent la pensée philosophique, — fondation de deux grands

[1] A. F. Ozanam, *Dante et la philosophie catholique au XIII° siècle*, p. 35.

ordres religieux, dont les maîtres fournirent d'illustres professeurs aux universités naissantes,
ordre des Dominicains, ordre de Saint-François.

Dans l'ordre des Dominicains, on distingue
comme sommités philosophiques :

1° ALBERT-LE-GRAND (1193-1280) qui enseigna la
philosophie à Paris de 1245 à 1249. D'une science
universelle, il étudia Aristote et, le premier des
professeurs, discerna judicieusement la science
physique et la science éthique, la matière et la
forme. Il s'occupa même d'alchimie et de chimie,
ce qui l'amena à découvrir l'acide nitrique. On
admire son *Compositum de compositis.*

En philosophie, son principal titre est d'avoir fait
connaître et commenté magnifiquement Aristote
qu'il avait commencé, dès ses premières études,
à étudier avec enthousiasme à Paris et qu'il médita
plus tard sur des traductions faites sur l'arabe.

2° Son disciple SAINT THOMAS D'AQUIN, l'*Ange
de l'École,* le plus considérable des docteurs du
moyen-âge (1227-1274), la plus haute personnalité
de la scolastique. Personne n'a mieux su réunir la
raison et la foi, la philosophie et la théologie, en
s'appliquant à démontrer les vérités révélées toutes
les fois qu'elles sont à la portée de la raison, et en
les conciliant avec les vérités naturelles quand
elles sont des mystères impénétrables.

La doctrine de ce génie incomparable se trouve
exposée, avec tous ses développements, dans les
Commentaires sur les *Sentences* soit dans la SOMME
CONTRE LES GENTILS, soit dans la SOMME THÉOLOGIQUE,
tout cela embrassant logique, physique, métaphysique générale, psychologie, théologie rationnelle, théologie morale, théologie politique.

LOGIQUE. — Saint Thomas, se borne à com-

menter celle d'Aristote, maître par excellence de
la dialectique ; il résout le problème des *Universaux* dans le sens d'un réalisme modéré qui sauve-
garde l'objectivité de la science et le caractère
absolu des sciences philosophiques ; il développe
les idées aristotéliques sur le concept de science ;
celle-ci étant la connaissance par les causes, il
n'existe pas de science du particulier, mais seulement du général.

• Bien avant Descartes il établit que l'évidence
est le principe de la certitude.

PHYSIQUE. — Tout corps est formé d'un principe *déterminable* qui se nomme *matière première*,
et d'un autre *déterminant* qui est la *forme substantielle* (en cette forme, on trouve aussi la
forme *accidentelle*). En un mot, il y a dans la nature des mutations accidentelles et d'autres purement substantielles : tout cela peut se succéder
dans la matière au gré d'exigences prédéterminées
par cause première, de telle sorte que la dispari-
tion d'un corps est inévitablement suivie de l'apparition d'un autre corps.

On explique la production d'un corps quelconque par le fait que la forme substantielle de ce
corps passe de la puissance à l'acte, soit que cette
forme vienne du dehors (*âme humaine*), soit qu'elle
se trouve en puissance dans la matière elle-même
(*transmutation des corps*). Lorsque saint Thomas
affirme que les corps célestes échappent à cette
loi de transmutation, il cède évidemment aux pré-
jugés des physiciens de son temps : il semble,
comme eux, penser exclusivement à l'indissoluble
union et, de là, à l'incorruptibilité de leur forme
et matière ; il semble aussi admettre la possibilité de générations spontanées des êtres inférieurs
par l'action solaire sur le limon ; mais il ne donne point ces hypothèses comme définitives.

Métaphysique générale. — C'est la science qui considère l'être en tant qu'*être*, ainsi que les caractères qui appartiennent à l'être comme tel. Dieu est l'être transcendant, absolument simple, acte pur, sans mélange de potentialité. En lui, il y a rigoureuse identité entre l'*essence* et l'*existence*. Au contraire, toute créature est composée d'*essence* et d'*existence*, de *puissance* (ce qui est déterminable) et d'*acte* (ce qui est déterminé), enfin de *substance* et d'*accident*. Si les substances sont corporelles, elles sont composées de *matière* et de *forme*; en s'*actuant*, grâce à la forme, dans telle figure ou étendue, c'est la matière qui constitue leur *individualité* dans l'espèce : principe d'individuation. Comme étant des substances simples, les esprits purs sont individualisés en même temps que spécifiés par leur forme.

Psychologie. — Le principe vital qui anime les corps, c'est l'*âme humaine* qui simultanément est le principe de la pensée : *animisme*. De sa nature cette pensée est *inorganique*; d'où il résulte pour l'âme la possibilité de survivre au corps : saint Thomas démontre d'ailleurs sa spiritualité et son immortalité. L'union de l'âme avec le corps n'est pas accidentelle, mais absolument substantielle. — Doué de raison, l'homme jouit aussi du libre arbitre, mais ici le docteur angélique réagit contre les tendances Augustiniennes en affirmant hautement la primauté de l'intelligence sur la volonté dans la vie psychologique. Cette question a été agitée : les historiens modernes ont donné à cette doctrine du *Nihil volitum nisi praecognitum* la qualification de *Intellectualisme*, mais ils en ont exagéré la portée. En effet, Thomistes et Augustiniens reconnaissent tous au fond la dépendance absolue de la volonté à l'égard de l'intelligence, dont le rôle est de l'éclairer ; leur divergence provient de ce que les uns reconnaissent plus de dignité à l'intelligence, les autres plus de prépondérance à la volonté. Par conséquent cette controverse n'a aucun rapport avec les modernes conceptions Kantistes ni avec les défenseurs de la « *philosophie de l'action* » qui, sur le problème de l'acquisition de la certitude, ont conféré « *le primat* » à la volonté.

On doit aussi distinguer l'*intellect agent* de l'*intellect patient* : le premier est la faculté d'abstraire l'universel des choses sensibles, c'est la lumière intellectuelle. — le second est la faculté de percevoir, de conserver l'universel, de juger, de raisonner, en un mot de combiner les idées ou de les analyser. Saint Thomas admet cet axiome : *Nihil est in intellectu quin prius fuerit in sensu*, c'est-à-dire que l'âme humaine ne comprend rien qu'elle n'ait senti ou, autrement dit, l'intelligence découvre l'objet de sa recherche au moyen de l'abstraction.

THÉOLOGIE RATIONNELLE ou naturelle. — La théodicée Thomiste n'admet que les preuves de l'existence de Dieu basées sur le principe de causalité. Elle indique les modes suivants de remonter des effets à la CAUSE PREMIÈRE : — on peut partir du *mouvement*, — de l'*enchaînement* des causes avec les effets, — de la *contingence*, — des *degrés de perfection*, — de l'*ordre de l'univers*.

Une fois démontrée l'existence de Dieu, de l'Acte pur, du Moteur immobile, le puissant théologien tire de là, par des déductions rigoureuses, toutes les perfections; il explique la nature des rapports entre Dieu et le monde. Dieu est la cause finale de toutes créatures aussi bien que leur cause efficiente : par conséquent *dépendance absolue du monde* par rapport à Dieu, nécessité de la Providence et du concours divin.

MORALE ET POLITIQUE. — Saint Thomas édifie sa morale sur les bases solides soit de sa théodicée, soit de sa psychologie : elle porte toute entière sur la fin dernière, le bonheur véritable, dont Dieu même est l'objet suprême. Loin d'opposer les motifs de conduite provenant du sentiment du devoir et de la juste récompense, du culte absolu du bien, de la béatitude, de l'amour désintéressé et de la légitime espérance, le Docteur angélique les harmonise pour tirer ainsi de chaque système de morale les éléments de vérité qu'il peut contenir en lui.

Cette morale, pure et humaine en même temps, fonde *droit* et *politique*. Si l'état de société est naturel à l'homme, il n'est pas moins vrai en effet que tout pouvoir public vient originairement de Dieu, ainsi que toute loi. Ce pouvoir doit s'exercer dans un but de bien général : tout abus à cet égard constitue la tyrannie, de quelque part qu'elle provienne, du peuple ou d'un individu légalement institué ou d'un usurpateur. Il n'est permis de secouer le joug d'un pouvoir tyrannique que moyennant le concours de certaines conditions qui précisément distinguent une juste revendication de tout mouvement révolutionnaire.

Avec Aristote, la doctrine Thomiste justifie en principe toutes formes de gouvernement : il estime « que la plus conforme à la raison est une *monarchie tempérée de démocratie* ». Il faut remarquer cette largeur de vues au moment où la féodalité venait, à la suite des croisades, de recevoir ses premières atteintes, à l'heure de la formation et de l'affranchissement des communes, de l'organisation des corporations et, d'autre part, d'une puissante aristocratie civile et religieuse ouverte tant aux esprits d'élite qu'aux grands caractères. Depuis lors, les Etats chrétiens ont connu tous les excès, ceux du pouvoir comme ceux de l'anarchie. Plus que jamais aujourd'hui les principes de l'Ange de l'école, l'ami de saint Louis, ne sont pas à dédaigner.

Aux noms imposants de la Scolastique qu'on vient de citer, on doit ajouter ceux de *saint Bonaventure* (1221-1274) dont le nom réel est *Jean de Fidanza*, surnommé le Docteur Séraphique[1], — *Roger Bacon*[2], le Docteur Admirable (1214-1294), — *Jean Duns-Scott*[3], philosophe écossais surnommé le Docteur Subtil (xiiiᵉ siècle). — Ces trois docteurs étaient *Franciscains*.

Dans cette période de gloire de la scolastique, la philosophie est sortie du cadre un peu étroit où les siècles précédents l'avaient enfermée.

III. — PÉRIODE DE DISSOLUTION (1300 à 1425).
Sur la fin du XIIIᵉ siècle et à l'aurore du XIVᵉ, la scolastique se désagrège : les grandes luttes intellectuelles métaphysiques et théologiques cèdent la place à la subtilité syllogistique.

[1] On le considère comme le Fénelon du Moyen-Age, comme on a qualifié saint Thomas de Bossuet de cette époque.
[2] Il lutta contre saint Thomas à propos surtout de la liberté humaine et de la liberté divine.
[3] Ce célèbre moine anglais étudia à Oxford et à Paris ; il fit d'importantes découvertes scientifiques. Son recueil *Opus majus* expose par avance la plupart des découvertes modernes et prédit les principales réformes qui suivirent. Sa connaissance immense des lois de la nature, acquise par la méthode expérimentale, le fit accuser de magie, mais il fut protégé par Clément IV (Gui de Foulques) pape de 1265 à 1268. A la mort de Clément IV, il fut de nouveau persécuté et emprisonné pendant dix ans, sous Grégoire X, au couvent des Franciscains de Paris. Remis en liberté, il mourut très peu de temps après.

1º Avec *Guillaume d'Occam* (ou Ockam), cordelier anglais, Scottiste (1280-1347), le Nominalisme est ressuscité ; la philosophie se confine dans la question des *Universaux*, que ce moine reprend en un sens purement conceptualiste. Armé d'une analyse fort subtile de la connaissance, il nie que l'on puisse connaître aucune substance : la science n'a d'autre objet que les conceptions de notre esprit ; la foi seule peut nous assurer de l'existence de Dieu, de l'immortalité de l'âme et d'autres grandes vérités. On voit ainsi Occam[1] préluder au *relativisme* comme au *subjectivisme* de la philosophie moderne.

Les principaux *Occamistes* sont *Robert Holcot* et surtout *Jean Buridan* (1295-1360), professeur de philosophie et de théologie à Paris, connu tant comme Recteur de l'Université que par ses travaux sur Aristote, — *Marsile d'Inghen*, — *Pierre d'Ailly*, de Compiègne, surnommé l'Aigle (1350-1420), Chancelier de l'Université de Paris et Cardinal, l'un des plus ardent champion du Nominalisme d'Occam.

2º Lassés des discussions sans fin et des subtilités scolastiques, certains esprits de grand renom se réfugièrent dans le mysticisme chrétien, où brillent l'alsacien *Jean Tauler* à Strasbourg (1294-1361), dominicain, — *Jean Charlier de Gerson*, le Docteur très chrétien (1363-1429), homme de savoir et d'énergie qui succéda à son maître Pierre d'Ailly dans la charge de chancelier de l'Université de Paris en 1392, — *Thomas de Kempis* (1380-1471).

La nouveauté de ses doctrines le fit bannir de l'Université d'Oxford, où il avait excité des troubles ; il vint alors à Paris pour enseigner la Théologie. Excommunié en 1330, il se réfugia à la Cour de Louis de Bavière qui était en querelle avec le pape et mourut à Munich. On a surnommé Occam le *Docteur invincible* et le *Prince des Nominaux*.

§ II

Philosophie de la Renaissance.

I. — C'est une ère d'indépendance et de transition à la philosophie moderne. On était ressassé de scolastique ; il en résulta un mouvement général de réaction et un fatal besoin de rénovation tant dans l'enseignement que dans les esprits philosophiques.

Les causes de ce revirement intellectuel sont multiples : extrêmes abus de la scolastique, — la Réforme et le libre examen, — invention de l'imprimerie, — découverte de l'Amérique, — prise de Constantinople en 1453, — diffusion en Occident des manuscrits grecs.

II. — La philosophie devait ainsi avoir sa renaissance en même temps que les lettres grecques, latines et françaises. Mais ce moment de révolution passionnée sous toutes les formes, même scientifiques et artistiques, d'immense enthousiasme et de curiosité savante pour les monuments retrouvés de l'antiquité classique, amena un chaos si confus parmi ces éléments divers qu'il se produisit une fécondité à la fois exubérante et malsaine par ses conséquences, dont le foyer se manifesta surtout au sein des Écoles de Florence et de Padoue.

Avec Marsile Ficin (1433-1499), fils du médecin Côme de Médicis, on en ressentit les premiers effets : ayant fait de fortes études grecques et latines, il donna des traductions latines d'œuvres de Platon, de Plotin, de Denis l'Aréopagiste, de Mercure Trismégiste, de Jamblique, de Porphyre. Il professa surtout un tel culte pour Platon qu'il fonda une Académie platonicienne en poussant même son admiration jusqu'à l'extravagance puisqu'il voulut faire prêcher la doctrine du grand philosophe dans les églises.

Chose curieuse : on vit alors se reproduire en même temps :

III° Les tendances idéalistes et platoniciennes par Marsile Ficin, — par *Jean Pic de la Mirandole* (1463-1494), fils du podestat de Modène du parti Gibelin, savant universel, — par *François Patrizzi* (1529-1597) successivement professeur platonicien à Ferrare, Padoue et Rome, qui calomnia la personne et les écrits d'Aristote pour élever sur les débris aristotéliques le nouveau platonisme de l'École d'Alexandrie, — par *Pierre Ramus* (1502-1572), professeur au Collège de France, massacré à la Saint-Barthélémy par un péripatéticien fanatique.

IV° Se reproduire les tendances sensualistes et péripatéticiennes par *Alexandre Achillini* (1463-1512), philosophe et anatomiste qui professa à Bologne et à Padoue, suivit les opinions d'Averrhoës et fut surnommé le *Second Aristote*, — par *Pierre Pomponazzi* (1462-1526), Mantouan, professeur de philosophie à Padoue, Ferrare et Bologne, attaché toute sa vie au péripatétisme, qui enseigna dans un sens naturaliste, — par *Bernardin Télésio* (1509-1588), Calabrais, qui tenta de secouer aussi le joug d'Aristote, pour en appeler à la raison et à l'expérience. Il fonda une académie à Cosenza afin de régénérer la science, mais il imagina un système n'ayant guère plus de fondement que ceux antérieurs, en essayant de faire revivre la doctrine de Parménide de l'antique école Éléatique.

V° Se reproduire des tendances Panthéistes qui trouvent un représentant célèbre dans le philosophe de Nole Giordano Bruno (1550-1600). D'abord dominicain, puis calviniste, puis professeur à Paris, enfin rentré en Italie, il fut brûlé comme hérétique. Son système philosophique était analogue à celui que viendra enseigner *Spinoza* (1632-1677) en plein XVIIe siècle, système caractérisé par trois points saillants : recherche de la solution du problème moral ou philosophie du bonheur, — méthode déductive, — panthéisme mystique. Bruno considérait l'univers comme un animal immense dont Dieu est l'âme ; l'idée dominante de sa philosophie est celle de l'infini : l'univers est infini aussi bien dans le temps que dans l'espace ; les astres en nombre infini sont autant de mondes pareils au nôtre. Dieu n'est pas un être distinct des autres êtres : il est la substance absolue renfermant dans son unité l'infinie multiplicité des mondes.

VI° Se reproduire d'antiques idées d'athéisme dans *Lucilio-Pompeïo Vanini*, né à Taurozano en 1585, brûlé en 1619 à Toulouse. Il avait été attaché au maréchal de Bassompierre. Doué d'admirables facultés philosophiques, d'une vaste érudition, d'une imagination de poëte, il eût le tort d'être par sa vie comme par ses écrits d'une extrême légèreté. Il fut le dernier représentant de l'aristotélisme en tant qu'ennemi de l'Église et radicalement dépourvu de foi. En exposant la doctrine péripatéticienne embellie de brillantes idées pythagoriciennes, on le voit même se retourner contre lui-même et railler ceux qui pouvaient se confier à de pareilles idées. Mais cette négation de la tradition humaine, qui devait devenir populaire un quart de siècle plus tard, était encore trop prématurée ; aussi Vanini paya-t-il de son sang la hardiesse de ses propositions athéistes.

VII° Le choc de tant de doctrines opposées jette certains penseurs les uns dans le mysticisme, l'illuminisme et les sciences occultes, comme *Paracelse* (1493-1541), *H. Cornélis Agrippa* (1487-1535), *J.-B. Van Halmont* (1577-1644) et son fils *Mercure* (1618-1699) ; — les autres dans le scepticisme, tels que *Michel de Montaigne* (1533-1592) et son ami *Pierre Charron* (1541-1603), tandis que le plaisant moine *Rabelais* (1483-1553), avec son gros rire, vint bafouer les derniers docteurs de la scolastique.

En un mot, la Renaissance fut plus glorieuse et plus féconde en résultats sérieux dans l'ordre des Sciences que dans le domaine de la philosophie.

Comme recherches et découvertes scientifiques proprement dites, cette époque, sans parler des arts, est suprême de puissance intellectuelle : de grands initiateurs viennent substituer aux explications purement verbales le rationnel de l'observation des faits et la vraie méthode expérimentale. Les noms de *Léonard de Vinci* (1452-1512), de *Nicolas Copernic* (1473-1543), de *Galilée* (1564-1642), de *Jean Kepler* (1571-1630) honorent l'humanité.

Avec *François Bacon* (1561-1626) et *René Descartes* (1596-1650), cet immense progrès dans les lettres, les sciences et les arts, joint à l'indépendance de la raison, va orienter la philosophie vers une voie nouvelle, surtout en France, en Italie et en Angleterre.

FIN.

TABLE DES MATIÈRES

I

LE PHÉDON DE PLATON ET LE SOCRATE DE LAMARTINE

II

APERÇU HISTORIQUE ET CRITIQUE DE LA PHILOSOPHIE ANCIENNE JUSQU'A LA RENAISSANCE

INDEX ONOMASTIQUE

A

ABÉLARD ou ABAILARD (PIERRE), 129.

Académie, 96, 97.

ACHÉRON, 35.

ACHÉRUSIADE (le lac), 38.

ACHILLINI (Alexandre), 138.

ÆNÉSIDÈME, 116 et note 1.

AGRIPPA (Henri CORNELIS dit), 116, note 2 ; 140.

AILLY (Pierre d'), 136.

ALBERT-LE-GRAND, 130.

ALCIBIADE, 12.

ALCUIN, 126, 127.

Alexandrie, 116.

Ame (l'), 90, 101, 110, 118, 119, 120.

AMMONIUS SACCAS, 117 et note 1.

Analyse des concepts, 82.

ANAXAGORE, 77, 79, 81.

ANAXIMÈNE, 76.

ANTISTHÈNE, 49 et note 3, 80.

ANYTOS, 17.

APHRODITE, 60.

APOLLODORE, 50 note 1.

Appétit rationnel, 101.

ARISTIPPE, 49 et note 7 ; 80.

ARISTOPHANE, 13 note 1, 14 note 1.

ARISTOTE, 24, 80, 98 à 105 ; 100 note 1 et 102 note 1; 129, 131, 136, 138.

Athènes, 12, 14, 16, 21 et passim.

Attique, 11, 12.

B

BACON (François), 140.

BACON (Roger), 135 et note 2.

BARDESANE D'ÉDESSE, 121.

BASILIDE, 121.

Basilidiens, 121.

BASSOMPIERRE (Maréchal de), 139.

Bec (Abbaye du), 127 et note 2.

BÈDE (le Vénérable), 125.

BOÈCE (Amiens M. T. S.), 125.

BRUNO (Giordano), 139.

BURIDAN (Jean), 136.

C

Canonique d'Épicure, 107.

CARPOCRATE, 121.

CASSIODORE (Aurèle), 125.

CÉBÈS, 21, 29, 31, 49.

CÉRINTHE D'ANTIOCHE, 121.

CHARLEMAGNE, 126.

CHARRON (Pierre), 140.

CICÉRON, 48 et note 1 ; 41, note 2.

CLÉOMBROTE, 50.

COCYTE (le), 35.

COLLÈGE DES DIX, 15.

Conseil des Onze, 16.

Vannes. — Imp. LAFOLYE, 90-18.

Notes et documents inédits pour servir à l'histoire d'Eustache Chapuys d'Annecy, et de ses deux Collèges de Savoie, 1495-1556, Paris, in-8° avec 2 portraits d'après des peintures du temps. Paris, in-8°, 1912, sur papier de Hollande (à la *Revue de Savoie*, 5 bis, place du Panthéon). . 5 »

Henri Cornélis dit Agrippa, 1486-1535, d'après sa correspondance. Paris, 1 v. in-8° raisin avec portrait du XVIe siècle, Chacornac, éditeur, 1911 . . . . 5 »

Le Meunier, son fils et l'âne, apologue en vers patois savoyard, et nouvelles recherches sur ses origines littéraires. Paris, in-8° avec gravures, 1912 . . . . . . 3 50

Esquisse d'une famille rurale dans la vieille Savoie et sous la IIIe République. Paris, in-8° avec illustrations hors texte, 1912. . . . . 3 50

Eloge funèbre de la Duchesse de Gênes, 1830-1912, in-8° avec deux portraits. Paris, *Revue de Savoie*, 1912 . . . . 3 50

Pierre II de Savoie le Petit Charlemagne, symbole de la victoire, poème. Paris, in-8° sur papier de Hollande, Champion, éditeur, 1916 . . . . 5 »

Droits de la Maison de Savoie sur Genève et ses dépendances. Paris, aux bureaux de la *Revue de Savoie*, 1 v. in-8° sur Hollande, 1917, (avec portraits) . . . . . . 5 »

Pierre II de Savoie et le droit de succession à la Couronne en Savoie du XIIe au XIVe siècle. Paris, 1 v. in-8° papier du Japon, Champion, éditeur, 1917 . . . . 10 »

Noëls et chansons de Savoie au XVIe siècle, avec une notice nouvelle sur l'œuvre poétique et musicale de Nicolas Martin, de Saint-Jean-de-Maurienne, 1497-1556. Paris, 1 v. in-32, elzévir, 1918, à la *Revue de Savoie* . . . . 10 »

Revue de Savoie, historique, archéologique, littéraire, scientifique et artistique, fondée à Paris en 1911. Format in-8° raisin, texte, planches, gravures, culs de lampes, portraits hors texte sur papier couché. Abonnement annuel . . . . 20 »

Le Phédon de Platon et le Socrate de Lamartine. Paris, 1 v. in-8° sur Hollande, 1re édition, Champion, éditeur, 1918. . . . . 7 50

Le même ouvrage en 2e édition, suivi d'un Aperçu historique et critique de la philosophie ancienne jusqu'à la Renaissance. Paris, de Boccard, éditeur, 1, rue de Médicis, 1 v. in-8° avec portraits de Platon, de Socrate et de Lamartine à 23 ans, 1919 . . . . 12 »

REVUE DE SAVOIE

HISTORIQUE, ARCHÉOLOGIQUE, LITTÉRAIRE, SCIENTIFIQUE & ARTISTIQUE

Fondée à Paris en 1911

FORMAT IN-8° RAISIN AVEC PLANCHES ET GRAVURES
FORMANT DEUX TOMES CHAQUE ANNÉE

RÉDACTION ET ADMINISTRATION :
PARIS — 5 bis, Place du Panthéon, 5 bis — **PARIS**

Directeur de la Revue : **Joseph ORSIER**

ABONNEMENTS

(Franco de port postal)

	Une année :	Six mois :
Paris	**17** fr.	**10** fr.
Départements . . . . —	**20** fr.	**12** fr.
Étranger . . . . . . —	**25** fr.	**15** fr.

LE NUMÉRO TRIMESTRIEL : **6** fr. (franco)

Les volumes tirés sur papier de Hollande coûtent cinq francs en plus de l'abonnement.

TOME I, in-8° raisin, 1912, avec planches et gravures, volume sur beau papier, de 250 pages.

TOME II, idem, 1912, idem, volume de 302 pages.

TOMES III et IV, 1913. Statuts généraux de Savoie du XIII° au XV° siècles. Ces tomes, en impression, ne seront distribués qu'après la guerre.

TOME V, 1914. Par suite de la guerre, ce volume de 143 pages, avec magnifiques gravures, a seul paru fin avril 1914. Le tome VI, qui était sous presse fin juillet 1914, *a été interrompu par les événements.*

TOME VI, 1914, composé en majeure partie de précieux documents inédits, sera distribué après la guerre. *En 1915, la Revue n'a pu paraître.*

TOME VII, janvier, février, mars, avril 1916, gravures et portraits, volume de 108 pages formant la première partie de 1916.

TOME VII, mai, juin, juillet, août 1916, volume de 200 pages formant la seconde partie de 1916. *Cette année est ainsi complète.*

TOMES VIII, IX et X vont paraître et sont d'une importance exceptionnelle comme texte et comme art. La crise du papier a empêché jusqu'ici leur publication. *Il faut s'inscrire à nouveau pour les abonnements* à Paris, 5 bis, place du Panthéon.

Vannes. — Imprimerie Lafolye Frères.